Gustav Wittenbrinck

Zur Kritik und Rhythmik des altenglischen Lais von Havelok dem Dänen

Gustav Wittenbrinck

Zur Kritik und Rhythmik des altenglischen Lais von Havelok dem Dänen

ISBN/EAN: 9783743490093

Hergestellt in Europa, USA, Kanada, Australien, Japan

Cover: Foto ©ninafisch / pixelio.de

Manufactured and distributed by brebook publishing software (www.brebook.com)

Gustav Wittenbrinck

Zur Kritik und Rhythmik des altenglischen Lais von Havelok dem Dänen

Zur Kritik und Rhythmik

des

altenglischen Lais

von

Havelok dem Dänen.

Wissenschaftliche Beigabe zum Osterprogramm 1891

des

Gymnasium Arnoldinum

zu

Burgsteinfurt

in Westfalen

von

G. Wittenbrinck,
Gymnasiallehrer.

Burgsteinfurt.
Druck von Heinrich Schulz.

§ 1.

Die epische Dichtkunst begann in England um die Mitte des zwölften Jahrhunderts wieder aufzuleben. Disours, harpours, gestours, oder wie man diese Leute sonst nennen will, boten dem Volke zunächst Nachahmungen französischer Epik. Darauf entstanden neue Dichtungen epischer Natur auch auf englischem Boden selbst. Zu den Nachahmungen gehört auch das Lai von Havelok dem Dänen, doch ist der Inhalt desselben ursprünglich germanisch; es ist nach Skeat's Ansicht (cf. pg. XXXIV seiner Ausgabe des Havelok) das Lai aus Erzählungen zusammengesetzt, welche die Geschichte von Northumberland und Lindesey im sechsten Jahrhundert n. Chr. betreffen. Der Verfasser unseres Lais schuf dasselbe gegen Ende des zwölften Jahrhunderts; das Original ist bis jetzt nicht aufgefunden. Die einzige Abschrift, welche der zweiten Hälfte oder dem Ende des dreizehnten Jahrhunderts angehört (cf. pg. XXXV), findet sich in der Laudian Collection der Bodleiana zu Oxford, in Misc. 108. Sie beginnt auf fol. 204, a; jede Seite enthält zwei Kolumnen von 45 Zeilen, das Blatt also 180 Zeilen. Die Abschrift endigt mit der 27. Zeile auf fol. 219, b, mithin sind im ganzen $180 \times 15 + 90 + 27 = 2817$ Zeilen überliefert worden. Bei vier Zeilen fehlt nun aber, wie Sinn und Reim anzeigen, die zugehörige Zeile, und mit Recht hat daher Skeat die Zeilen 4, 869, 1148 und 2663 ergänzt. Außer diesen vier fehlen aber noch 180 Zeilen nach v. 1444, also genau so viele, als sich auf einem Blatte unserer Abschrift vorfinden. Die Bezifferung[*] der Blätter geht gleichwohl ununterbrochen fort, ist also erst nach Verlust dieses einen Blattes unserer

---

[*] Die Angaben über das Ms. verdanke ich Herrn Prof. A. Rothe zu Birmingham.

Abschrift vorgenommen worden. Dieselbe ist überhaupt für sämtliche Schriftstücke der Misc. 108 eine durchgehende, kann also nicht vom Abschreiber herrühren. Daß diese Lücke nicht schon in der Vorlage unseres Abschreibers (war sie das Original?) vorhanden war, glaube ich erweisen zu können. Herr Professor Zupitza hat in der Anglia, Bd. 7, in seiner Bemerkung zu v. 2933 darauf hingewiesen, daß nach diesem Verse in unserer Abschrift die Worte folgen: For he saw þat he. Dieselben sind durchstrichen und daneben ist das Wort vacat gesetzt. Jene Worte kehren dann in v. 2954 wieder. Daraus schließt Prof. Zupitza, daß der Schreiber beim Abschreiben eine Seite übersprungen habe. Dann hätte also die Seite der Vorlage 20, das Blatt 40 Zeilen gehabt. Ein Buch solchen Formates wäre für einen Fahrenden ja auch ganz handlich gewesen. Wollte man annehmen, daß der Schreiber nicht eine Seite, sondern nur eine Spalte übersprungen habe, was ja auch denkbar wäre, so wäre das für diesen Fall gleichgültig. Aus der Vorlage könnten doch wohl nur ganze Blätter verschwunden sein, und da nun 180 weder durch 40 noch durch 80 ohne Rest teilbar ist, ist wohl mit Wahrscheinlichkeit anzunehmen, daß die erwähnte Lücke erst in der Abschrift entstanden ist, zumal bei ihr gerade 180 Zeilen auf ein Blatt gehen. Prof. Zupitza's Annahme erfährt noch Verstärkung durch folgenden Umstand: Vor der Lücke stehen 1444 Zeilen. Teilt man diese Zahl durch 40 (oder auch 80), so verbleiben 4 Zeilen. Sehen wir uns nun die 4 ersten Zeilen unseres Textes an, so finden wir, daß diese nicht zur eigentlichen Erzählung gehören, sondern nur eine Anrede an die Zuhörer enthalten, sie können also wohl auf einem besonderen Blatte, vielleicht dem Titelblatte, oder auf dem oberen Rande der ersten Seite der Vorlage gestanden haben.

Ist nun unsere Annahme, daß das Blatt 40 Zeilen gehabt habe, richtig, so hätte die ganze Vorlage (ob das Original?), abgesehen von einem etwaigen Titelblatt, $\frac{1440 + 180 + 1377}{40} = \frac{2997}{40} = 75$ Blätter gehabt, wobei dann die letzte Seite nicht mit 20, sondern nur mit 17 Zeilen beschrieben war. Das Format dürfte bei 20 Zeilen auf der Seite Oktav gewesen sein.

Was die Worte betrifft: Incipit vita Hauelok, quondam rex Anglie et Denemarchie, welche Skeat ohne nähere Angabe seiner Ausgabe voranstellt, so sei nebenher bemerkt, daß dieselben in kleinen Buchstaben von anderer Hand mit roter Tinte ganz dicht auf den oberen Rand des fol. 204, a geschrieben sind.

In Betreff des Abschreibers hebt Skeat ausdrücklich hervor, daß derselbe nicht nur den Havelok, sondern auch den nachfolgenden King Horn geschrieben habe und letzterer in derselben Spalte beginne, wo ersterer aufhöre. Auch Prof. Rothe teilte mir mit, daß nicht nur die Pergament-Blätter, nach Format und sonstiger Beschaffenheit, sondern auch die Schriftzüge in beiden Werken dieselben seien.*

Unser Schreiber nun legte bei seiner Arbeit wenig Sorgfalt an den Tag. Schlußbuchstaben wurden oft weggelassen, Teile des Innern der Wörter blieben ihm in der Feder stecken, kleinere Wörter, ja sogar einige Zeilen wurden ganz übersehen. Auch Wißmann, in seiner Ausgabe des King Horn in „Quellen und Forschungen ꝛc." XLV. Heft, pg. IX, macht dem Schreiber denselben Vorwurf für den King Horn. Durch ihn ist der Text vielfach verderbt. Die Flüchtigkeiten und Fehler sind gleicher oder ähnlicher Art, was Skeat's Annahme in Betreff des Schreibers verstärkt.

Was nun den Verfasser unseres Lais angeht, so war derselbe jedenfalls ein Mönch oder Geistlicher. Die eingestreuten lateinischen Worte und Wendungen, sowie andere Anzeichen sprechen dafür. Ein besonderes Kunstwerk hat er mit seinem Havelok nicht geschaffen. Die Fabel seiner Geschichte ist dürftig. Zwei große Züge gehen anfangs parallel und werden dann zusammengeführt. Aehnliche Vorgänge sind dabei in fast ganz gleicher Weise, ja oft mit denselben Worten erzählt, so daß häufig Wiederholungen, oft ganzer Zeilen, sich einstellen. An die sogenannten epischen Wiederholungen ist dabei aber nicht zu denken, wie aus ihrer Natur unzweifelhaft hervorgeht. Es ist eben nur ein Mangel an Produktivität seitens des Verfassers. Die Gedanken sind mager, kehren häufig wieder und ihre Einkleidung

---

* Horstmann, in Herrig's Archiv, Bd. 50, pg. 39 meint dagegen, die Handschrift des Horn sei etwas jünger als die des Havelok.

ist oft dürftig und ungeschickt. So kennt der Verfasser z. B. keinen
andern Vergleich für das Tot- oder Stillesein als: as a ston
(v. 928, 1815, 1997, 2109, 2475, 2649). Ein gleicher Mangel
macht sich bei den Reimen bemerkbar. Dieselben Reimwörter oder
Reimsilben kehren oft wieder. Die Endung -ede findet sich z. B.
87 Mal im Versschluß, die Worte be und me kommen 20 Mal im
Reim mit andern Worten vor, das Reimpaar lond-hond begegnet
16 Mal, del-wel 15 Mal ꝛc.

Gleichwohl ist unser Lai für den Sprachforscher nicht ohne
Interesse wegen des Idioms, dessen sich der Autor des Havelok
bedient hat. Für das Studium desselben ist selbstverständlich die
Kenntnis der metrischen Gesetze, welche in unserm Lai befolgt werden,
von großer Bedeutung. Wir wollen daher versuchen, in unserer
Abhandlung dieselben aufzustellen. Um nun aber dieselben des Ge-
naueren darlegen zu können, bedürfen wir eines möglichst guten Textes
und es muß daher meine nächste Aufgabe sein, den Text von Flüchtigkeiten und Fehlern möglichst zu säubern.

§ 2.

Unter den folgenden Textverbesserungen werden einige sein,
welche für die Aufstellung der metrischen Gesetze unseres Lais ohne
Bedeutung sind, ich führe sie aber der Vollständigkeit halber mit
an. Aus demselben Grunde sind einige Verbesserungen hier schon
aufgenommen worden, welche zum Teil ihre Begründung erst in den
metrischen Gesetzen haben, die aufgestellt werden sollen, und jenen
also streng genommen hätten nachgestellt werden müssen. Wir werden
natürlich sorgsam darauf achten, daß diese Stellen nicht unter das
Beweismaterial geraten. Die bereits veröffentlichen Verbesserungen,
so weit sie uns bekannt, habe ich in Betracht gezogen, und zwar

1) die von Skeat auf pg. LIV, in den Fußnoten und pg. 87
ff. seiner Ausgabe des H. gegebenen.

2) die von Prof. Zupitza in der Zeitschrift für deutsches
Altertum, Neue Folge, VII und die in der Anglia Bd. I u. Bd. VII.

3) die von Stratmann, veröffentlicht in den Englischen Stu-
dien von Kölbing Bd. I, 3.

Diesen Verbesserungen stimme ich bei, soweit ich nicht in den folgenden Bemerkungen eine andere Ansicht aussprechen zu müssen glaube. Außerdem wird man noch einige andere Stellen eingereiht finden, bei denen ich selbst Änderungen vorschlagen möchte. Ich bemerke noch, daß ich bei jeder beabsichtigten Änderung als erstes Gesetz im Auge behalten zu müssen glaube, möglichst wenige von den überlieferten Worten und Buchstaben zu streichen.

v. 69. þe (= ags. đâ) ist beizubehalten, hier wie an mehreren andern Stellen, da e häufig für ei steht (cf. § 8). Skeat hat in einzelnen Fällen þe in þei verändert, so in v. 1037, was also unnötig. Irrtümlicher Weise verändert er dasselbe þe in þe[r] v. 1070.

v. 196—97. In der Zeitschrift für deutsches Altertum N. F. Bd. VII sagt Prof. Zupitza: „Skeat hat mithe am Schluß in poucte verwandelt ꝛc." und später fährt er fort: „Ferner ist mithe = mihte, also Nebenform zu moucte ꝛc." Skeat beabsichtigte ohne Zweifel das richtige moucte statt des handschriftlichen mithe zu setzen, denn schon pg. XLVI sagt er: „Mithe 196 should probably be „moucte", as in l. 257, and it would thus rime with poucte". Skeat hätte noch v. 1289—90 und 1708—9 anführen können, wo dieselben Reimpaare vorkommen.

v. 228. Skeat hat loude in louerde verwandelt; ich bin für Beibehaltung des hdsch. Textes. Man vergleiche v. 96 loude grede.

v. 254. Skeat hat die Reime 254 und 2476 verbessern wollen, indem er den Worten swere und drawe ein n wiederanfügte. Ich glaube nicht, daß das notwendig ist, cf. pg. 16, das auslautende n betreffend. Wenn Skeat aber die Anfügung für nötig hielt, weshalb nahm er sie nicht auch in den andern Fällen vor, besonders in den Versen 1105 und 2098, wo es sich ebenfalls um Infinitive handelt? Dagegen ist v. 544 das n von wreken zu streichen, denn ein Konjunktiv ist erforderlich; die Güte des Reimes wird dadurch nicht beeinträchtigt. Auch Skeat sagt pg. XLI: „wreken should undoubtedly be wreke."

v. 280. Wir schalten „to" hinter bigan ein; das Versmaß verlangt es und in der Regel wird bigan mit to oder forto verbunden, cf. 291, 723, 733, 894...

v. 373. Prof. Zupitza ändert was in þat; was konnte ver=
lesen sein. Das þat in v. 374 dann in as umzuwandeln, wäre
wohl nicht nötig, man vergleiche v. 524—25:
>After a fishere þat he wende,
>þat wolde al his wille do, —

v. 464. Das Adverb ney (vom ags. nêh) ist (des Rhythmus
wegen) zweisilbig zu lesen, nêy; derselbe Fall liegt auch v. 634 vor.
Zu v. 640 bemerkt Skeat pg. LI: ...we should read neye.
Doch scheinen die vokalisch auslautenden Adjektiva das e des Adverbs
nicht gern anzunehmen, bez. zu halten.

v. 594. Kein Anlaß liegt vor, statt inne þrinne zu lesen,
wie Skeat will; ich behalte mit Zupitza den überlieferten Text bei.

v. 694. Der Sinn fordert die Einschiebung eines us hinter
wile: he wile us beþe.

v. 745. Skeat schaltet die sonst im ganzen Lai nicht ein
einziges Mal vorkommende Form hit (= it) ein. Zupitza liest:
So þat Grimesbi hit calle. Ich lasse den überlieferten Text ganz
unverändert und deuten calleth = call it, ebenso wie in v. 724:
men calleth bise. Derartige Kontraktionen finden sich ja oft genug.

v. 731. Skeat verändert here in lere, indem er sich auf
v. 11—12 bezieht. Wenn er nun aber heren — heren v. 1640—41
bestehen lassen will (cf. pg. XLV), weshalb denn nicht here — here
an dieser Stelle, die doch fast wörtlich dasselbe bietet. Derartige
reiche Reime kommen ja doch genug vor.

v. 784. Mit Skeat (cf. Glossar unter weren) möchte ich
übersetzen: in the sea-pools he often set them. Prof. Zupitza
will lesen:
>and stronge ropes to hise nettes
>in þe se he ofte settes.

Die völlige Streichung des Wortes weren will mir ebenso bedenklich
erscheinen, als die Annahme, weren sei ein schwacher Plural. Wenn
das hdsch. setes nun auch besser in settes umzuwandeln ist (he sette
es), so folgt daraus nicht, daß man auch nettes schreiben muß; der
Reim netes — settes ist ganz korrekt, und tt kommt sonst in diesem
Worte im Havelok nicht vor.

v. 790. Ich sehe Thouthe nicht als Kontraktion der Verbal=
form und des Pron. he (cf. Sk. pg. XXXIX) an, bin vielmehr über=
zeugt, daß das Subjekt ausgelassen ist, wie auch sonst häufig, z. B.
v. 1166.

v. 834. Skeat hat her eingesetzt für he in den Versen,
  Ne non other fish that douthe
  His meine feden with he[r] mouthe.
Das beweist, daß Skeat mouthe als Substantiv auffaßt, also zu
ags. mûđ stellt, was aber ohne Zweifel unrichtig ist, da sonst in
unsern Lai nicht ein einziger Fall vorkommt, in welchem ein auf
th = ags. ht ausgehendes Wort im Reime steht mit einem Worte,
welches auf th = đ auslautet. Unterlassen wir die Änderung, so
bleibt der Reim korrekt (cf. v. 1183—84); mouthe ist eben meahte,
praet. von mugan. Die Präposition with gehört zu feden, das
Nachstellen der Präpositionen findet sich häufig.

v. 842. Prof. Zupitza will uten in eten verändern; ich
möchte dieses Wort aber beibehalten und es zurückführen auf ags.
ûtian=ëdëre, cf. Stratmann, s. v.

v. 870. Wahrscheinlich ist zu lesen: Sprongen forth so sparke
of glede statt on glede. Man vergleiche v. 91: þat he ne sprong
forth so sparke of glede, sowie Chaucer C. T. 13833 as sparcle
out of bronde.

v. 881. Da die agf. Buchstaben w, þ und y in der Schrift
große Ähnlichkeit haben, konnten gar leicht sich Irrtümer einschleichen.
Das Wort say, anscheinend das einzige Beispiel dieser Form, giebt
keinen Sinn; es ist jedenfalls saw zu lesen, cf. v. 997, 1058...;
desgl. wohl flew für fley v. 1305.

v. 1035. Wore ye young, [or] wore he hold. Mr. Ellis
fragt schon (II, pg. 472) ye = he? Er hat ohne Zweifel Recht
mit seiner Vermutung. Dieselbe Redefigur findet sich sehr häufig,
z. B. v. 942, 960, 987...

v. 1078 u. 2141. Skeat's Text hat: pouthte und brithter.
Man hat falsch gelesen und muß schreiben: pouchte und brichter,
cf. § 8 dieser Abhandlung und Skeat pg. XXXVII: „The letter
t is sometimes shortened so as nearly to resemble c and c is
sometimes lengthened into t."

v. 1100—1003. Für die Änderungen des Textes, die Zu=
pitza und Skeat vorschlagen, sehe ich keinen zwingenden Grund;
v. 1134 bestärkt gerade in der Beibehaltung der Form, wie sie v. 1100
aufweist. Man vergl.: v. 1100 He was werse þan sathanas.
v. 1134 þat werse was þanne sathanas.
Weshalb sollen wir den Vers verändern in: He was þe werste
sathanas? — Auch in dem Verse 1101: þat ihesu crist in erþe
shop behalte ich im Gegensatz zu Skeat shop (ags. scôp von
sceapan) ruhig bei. Daß der Verfasser, wenn ihm kein passender
Reim einfallen wollte, sich mit einer Assonanz begnügte, kommt doch
öfter vor. Man vergleiche auch v. 424: þat euere in erþe shaped
was (shaped von ags. sceapian, das denselben Sinn hat, cf. Strat=
mann, Dict. ofthe O. E. L.)

v. 1177. Ich möchte hier nicht, wie Prof. Zupitza, Än=
derungen vornehmen. Das prät. fel hat hier, wie auch sonst, z. B.
v. 2359, die Bedeutung „gehörte", und das ergiebt für die ganze
Stelle einen befriedigenden Sinn.

v. 1287. Man muß jedenfalls lesen: But one (= alone) on
the moste hil. Dann ist Sinn und Versmaß gut. Vergl. v. 815,
936, 1742...

v. 1292. awe bedeutet nicht, wie Skeat im Glossar an=
giebt, to owe, es ist hawe (anlaut. h fällt ja oft ab) von hâwian
spectare, welche Bedeutung der Sinn unbedingt fordert; man beachte
auch den Sinn der vorhergehenden Verse. — Ebenso hat Skeat
irrtümlich hawe v. 1188 und haue v. 1298 unter hauen, to have,
aufgeführt. Zunächst kommt w sonst nirgends in den Formen von
to have vor, sodann reimt es mit sawe (v. seon) und haue v. 1298
mit drawe (v. dragan). Ich möchte beide Formen zu hauen,
mhd. haben=lat. capēre stellen. Zwar setzt Stratmann zu capēre
ein ?, doch würde dieser Sinn hier ausgezeichnet passen; man sehe:
þe deuel him hawe und hom for to haue.

v. 1314. Hier findet sich ioye in Reimstellung mit trone.
Nicht einmal Assonanz liegt vor. Prof. Zupitza ist auf den glück=
lichen Gedanken gekommen, für ioye das synonyme gome (ags.
gamen oder gomen) einzusetzen. Die Verwechselung lag dem Ab=
schreiber nahe. Ich stimme vollständig bei, daß dadurch ein ebenso

guter Reim (oder Assonanz) erzielt wird, wie es rym — fin v. 21 und yeme — quene v. 182 bieten. Wegen der Synonymik vergleiche man z. B. v. 2963: wit ioie and gamen.

v. 1336. Nim in with þe to denema[r]k baþe, so lautet der Text von Skeat. Wir haben hier eine der schwierigsten Stellen vor uns. Der Sinn derselben ist folgender: Goldeboru sagt ihrem Gatten Havelok nach einem Traum unter Anderem, sie rate ihm, unverzüglich nach Dänemark zu fahren, dessen König er werden würde. Sie selbst werde nicht eher froh sein, bis sie jenes Land gesehen, das in seine Hand gegeben sei. — Herr Prof. Zupitza wandelt diesen Vers nun folgendermaßen um:

Nimin with to denemark baþe.

Er deutet dann with (= wit) als Dualis und meint, diese Annahme sei unbedenklich, da ein solcher auch v. 1882 vorkomme, nämlich unker. Mancherlei Bedenken lassen sich jedoch gegen die vorgeschlagene Änderung erheben.

1) Wenn Skeat Nim und in getrennt druckt, so ist auch im Ms. eine wahrnehmbare Lücke dazwischen, denn the words are very close together (pg. XXXVI), und darnach wäre es eher möglich, daß zwei nicht zusammen gehörende Worte vereinigt, als daß zwei zusammengehörige Silben getrennt worden wären.

2) Eine derartige Form auf in kommt in unserm Texte sonst nirgends vor.

3) Wenngleich ein Dualis in v. 1882 vorkommt, so scheint es uns doch bedenklich, durch Konjektur noch eine zweite so seltene Form zu schaffen.

4) Zur Streichung eines Wortes dürfen wir uns erst verstehen, wenn dasselbe sich durchaus nicht mehr halten läßt.

Prof. Rothe hatte die Güte, für den Verfasser dieser Abhandlung, welchem die fragliche Stelle ein besonderes Interesse erregte, in Oxford dieselbe durchzupausen und überdies eine genaue Beschreibung beizufügen. Danach steht in im Ms. deutlich von Nim getrennt; das b des Wortes baþe sieht einem r sehr ähnlich, wie ich vermutet. Ich bin nun, wie früher schon, der Ansicht, daß der Fehler in dem Worte in steckt. Dasselbe ist für nu, oder auch für me gesetzt, (cf. v. 2594 und v. 2600) und statt baþe ist raþe

zu lesen. Man braucht nicht Bedenken tragen, zu dem drüber stehenben rathe nochmals raþe zu setzen, es kommen solche Homoioteleuta
ja häufig genug vor. Begründet ist das raþe übrigens auch durch
die Verse 1339—40.: For shal ich neuere blipe be
Til i with eyen denemark se.
Was nun schließlich Lith betrifft, so wäre dieses Wort wohl zu ags.
leoht, lyht zu stellen, und es wären dann Lith und selthe Synonyma.

v. 1369. Steat schiebt hath ein, eine Form, die sonst nie
vorkommt, es findet sich nur haueth. Wir halten übrigens für
richtiger, held oder holdes einzuschalten, cf. v. 61, 109, 1382,
2910…

v. 1420. Steat sagt pg. LV: „For wolde we should
rather read [he] wolde." Diese Einschiebung ist jedoch unnötig,
da das Subjekt sich aus den vorhergehenden Versen ergänzen läßt.

v. 1677. Das Wort forth scheint verbaler Natur zu sein;
ebenso in v. 2690. Ich möchte das th dem Schreiber zuschreiben,
der ja leicht zu diesem Irrtum kommen konnte. Das for, ags. fŏr
von faran, wird dann wieder aufgenommen durch ferde und v. 2691
durch fares. Man sehe besonders v. 2690: And for rith also leuin
fares. cf. for v. 2382 und 2943.

v. 1732—33. tel — dwelle; wir müssen ohne Zweifel lesen
telle, denn tel findet sich sonst nicht in unserm Text und telle —
dwelle erscheint auch v. 3 und v. 2280.

v. 1363—64. Fro fer he stoden, him with flintes
And gleyues schoten him fro ferne.
Prof. Zupitza ersetzt das erste him durch and; näher scheint uns
zu liegen, das zweite him durch he zu ersetzen; der Schreiber wurde
durch das darüber stehende him verführt, dasselbe Wort nochmals
zu setzen.

v. 1914—15. seruede — werewed. Wir müssen jedenfalls
lesen werwede statt werewed; dann ist der Reim korrekt. Man
vergleiche wirwed v. 1921 und in Betreff des flex. e v. 448: þer
he woren sperde.

v. 2087. ioynge ist wohl nur Schreibfehler, cf. ioying
v. 2949.

v. 2110. Ich glaube þat nach saw einschieben zu müssen, des Metrums wie des Sinnes wegen: And saw [þat] al þat mikel lith, Fro hauelok cam etc.

v. 2143. Stratmann (E. Stud. Bb. V, 378) will für kunrik kune — merk einsetzen und beruft sich auf v. 604
On his rith shuldre a kyne merk.

Sollte sich kunrik nicht aber halten lassen und die Stelle „he wiste — þat it was kunrik þat he sawe" zu interpretieren sein: sie wußten, daß es Königtum bedeutete, was sie sahen? An ein Verlesen oder Verschreiben möchte ich nicht glauben. Mit Prof. Zupitza lese ich brithe und streiche se in v. 2146, aus den von ihm angegebenen Gründen.

v. 2348. Ich glaube het beibehalten zu können. Prof. Zupitza will dafür hec lesen. Das c ähnelt allerdings oft dem t, doch kommt sonst weder hec noch ec vor, sondern nur ek und ok; het giebt ja auch einen befriedigenden Sinn, selbst in Anbetracht der folgenden Zeilen.

v. 2392. Das Wort he ist durch þe zu ersetzen: þat sendes þe þe word etc. Das doppelte þe stößt nicht an, vergl. v. 2402 und besonders v. 2718: Wile ich forgiue þe þe lathe.

v. 2396. Statt: bede þu ist zu lesen: bedes þu, denn es handelt sich nicht um einen Konjunktiv. Ebenso v. 2705: þat pu fares pus with me; das dem fares gleichstehende slos ist durch den Reim gesichert.

v. 2411. Mit Stratmann lese ich teite statt des hbsch. leite. Dieses Wort reimt mit beite. Derselbe Reim kommt schon v. 2330—31 vor. Die Bedeutung des teite ist jedoch v. 2331 und v. 1841 eine andere, als an dieser Stelle. Dort bezieht das Wort sich auf hundes und laddes, hier auf bondes. Schon in v. 2437 ist angedeutet, daß die Bande, mit welchen Gobard gefesselt wurde, ein kräftiges Anziehen vertragen konnten und es müßte nach dem Sinn der ganzen Stelle nouth to teite hier bedeuten: nicht zu dünn, nicht zu schwach. In den Lexicis findet sich diese Bedeutung nicht, nur führt Stratmann unter tait neben altnord. teitr auch ahd. zeizer tener an.

v. 2535. Prof. Zupitza liest: And with ferde strong and stark statt des hsch.: And ferde with him strong and stark, und setzt dann noch ein was vor comen in v. 2536. Ich glaube bei geringerer Änderung einen guten Sinn erzielen zu können. Ich möchte v. 2535 unverändert lassen, was aus v. 2534 herausnehmen und vor comen in v. 2536 einfügen. Mit Prof. Zupitza scheint auch mir die Streichung des þat in v. 2540 durchaus notwendig. Diese ganze Stelle, von v. 2531—2540, weist eine seltsame Wortstellung auf. Auch in v. 2532 ließe sich vielleicht eine Umstellung vornehmen: þat was of cornwayle erl; damit kämen das Relativum wie der Genetiv ihrem Substantiv näher. Auch dieser Vers gehört in Klammer.

v. 2691. Ich glaube, den handschriftlichen Text beibehalten zu können. Allenfalls könnte man ein a nach neuere einschieben (cf. v. 2685) oder, wollte man neuere entfernen, so wäre nicht nene, was sonst nicht vorkommt, sondern none zu setzen, cf. v. 841, 1140...

v. 2713. Ich bin überzeugt, daß, wie in v. 281, auch hier und v. 174 wman zu lesen ist.

v. 2835. In Anbetracht der zahllosen Beispiele, welche sh aufweisen, halte ich die drei vereinzelten Fälle sulde für shulde hier, sal für shal v. 628, same für shame v. 1941 [Sule v. 2419 ist Schreibfehler für Wule. Stratmann] für Flüchtigkeiten des Schreibers und nicht für nordischen Einfluß.

Manch' andere Stelle unseres Textes, welche ebenfalls Anlaß zur Kritik bietet, mag mir entgangen sein. Bei vielen Stellen sind mir zwar Bedenken und Zweifel an deren Richtigkeit wohl aufgestiegen, doch weiß ich entweder Verbesserungsvorschläge noch nicht zu machen oder meine Vermutungen noch nicht in genügender Weise zu begründen. Ich lasse diese Stellen daher vorläufig unerwähnt und unverändert.

§ 3.

Nachdem ich nun die wichtigsten Textveränderungen zusammengestellt, erscheint es noch notwendig, gewisser orthographischer Eigentümlichkeiten — doch nur soweit sie das Metrum oder den Reim berühren können — Erwähnung zu thun. Ist manches auch der Flüchtigkeit des Schreibers zuzuschreiben, so ist doch auch nicht zu verkennen, daß Lautwandel, besonders Abschwächung gewisser Laute, die Schreibung beeinflußt hat.

Recht häufig ist finales, bisweilen auch mediales e in der Schrift ausgelassen; manchmal allerdings auch dort, wo es des Metrums wegen nicht entbehrt werden kann. Es war abgeschwächt, oder gar schon verstummt. Man vergleiche § 5.

Ein beständiges Schwanken zeigt sich im Gebrauch von i und y. Schon im Angelsächsischen wird y häufig durch i ersetzt (cf. Ellis, O. E. E. Pr. pg. 580) und daher ist es nicht wunderbar, daß in solch' einem Mischdialekt, wie der, in welchem unser Lai geschrieben ist, eine vollständige Gleichwertigkeit der Zeichen i und y eingetreten ist. Man sehe siþe|s 213, 778, 1053..., aber syþe 2162, 2843...; kin|e|s 393, 861, 1140..., aber kyn 414; sire 390, 909, 2009, aber syre 1229; lif 1136, 2395..., aber lyf 349, 479..., wimman 1139, 1168, 1720..., aber wymman 1156. Zahlreiche Beispiele ließen sich sonst noch anführen. Daß dieser Wechsel auch bei den Diphthongen vom Schreiber beliebt wurde, zeigen Beispiele auf jeder Seite zur Genüge.

Eine rein graphische Eigentümlichkeit liegt vor, wenn wir den Buchstaben u, was nicht selten geschieht, durch ein v oder auch ein w ersetzt finden, z. B.:

vt 89, 378, 1744...; vnto 1433, 1683, 1798...; vnder 377, 2387; nov 168, 483; vs 16, 103, 2588; vre 13, 17, 596; vnblipe 141; covþe 196; vmbestonde 2297... yw 453; þw 1316; cowþe 1854; mowcte 210, hws 1141...

Hingegen findet sich nicht selten ein w (ober v) wiedergegeben durch u, z. B.: sau 2410, doch saw 1043, 1251...; kneu 2468; drou 703 (: inow), 719, 736..., (cf. 931—32, 1794—95); slou 501 (: drow) 1807, 1968; slou infin. 2543 (oft nur slo 2585, 2603...; ynou 563, aber inow 706, 904... Ferner galues 687, tuelf 192, suete 1388, bituene 798...; sowel : couel (ags. und altn. sofl, cufle, kufl) 767, 1143, 2905; drawe : haue (âgan) 1297.

Bemerkenswert ist noch, daß bisweilen nach einem w das u ganz unterdrückt wird: wman 174, 281, wlf und wluine 573, wrthe 434, stalwrthe 1027. Selbst in zwei Reimen findet sich diese Eigentümlichkeit: swngen : dungen 226 und wnden : bounden 545.

Zur Bezeichnung des langen u, auch in Wörtern romanischen Ursprungs, dient neben u und seinen Vertretern, vorzugsweise die Verbindung ou. Ellis, II, 418 sagt darüber: „It will be found, that ou was not used at all for (uu, u) till near the close of the XIII th century, when the growing use of u for (yy) or (i, e) rendered the meaning of u uncertain."

Man vergleiche: hous 1966, aber hus 2912, hws 1141; south 1255, aber suth 434; toun 1750, 2259..., aber tun 1001, 1630...; selcouth 124, 1059, selkuth 1284; broun|e 1008, 1900, 2694..., brun|e 1751, 1945, 2181...; baroun 1032, 1327, 2194..., barun 31, 138, 261; leoun 573, leun 1867, traitour 665, 692..., traytur 319, ... —

Von den Konsonanten haben die auslautenden Liquiden stark gelitten, besonders das n. Dasselbe erscheint in zahllosen Fällen überhaupt nicht mehr in der Schrift, sogar im Reim nicht, wobei das eine der Reimwörter aber das n auch wohl behalten hat. Dieser Verfall des auslautenden n, besonders der Verbalformen, war im Süden Englands schon sehr vorgeschritten. Auslautende l und r fehlen auch nicht selten, z. B. we[l] 115, 392, 772; mike[l] 960, 1744, 2336...; lite[l] 276, 1730; þe[r] 142, 476, 639, 640...; fo[r] 502, 1318...; he[r] 953; neyþe[r] 764; oþe[r] 861, 1986, 2970; douthe[r] 1079... Auch im Inneren, nach Vokalen, müssen sie schon an Lautfülle eingebüßt haben: beginni[n]g 13, wo[l]de 951, 2310, shu[l]de 1079, ka[l]de 1396, he[r]de 496, no[r]p 1255, denema[r]k 666, 1336... Auch dentale Laute sind abgeschwächt, besonders nach l und n, und fehlen daher nicht selten in der Schrift: lon[d] 340, hon[d] 1342, hel[d] 109, shel[d] 489, gol[d] 357, bihel[d] 1645, an[d] 29, 214, 359...; bes[t] 354, spen[t] 1819, shal[t] 1161, 1273..., þa[t] 175, 692...

Ferner muß das h viel von seiner Hauchstärke verloren haben. Im Anlaut fehlt ein organisches h bisweilen schon in der Schrift: auelok 503, 1395, 1793, is 735, 2254, 2479, aueden 163, osed 971, eþen 690, awe 1292 ɾc. Andererseits wird sehr häufig ein unorganisches h einem Worte vorgesetzt, z. B. h|elde 174, 387, h|old 192, h|ende 247, 1241, h|al 2370, he h|et 653, h|er 229, 541, h|us 1217, 1409, h|ure 338, 842, 1231, h|of 1976.

Häufig und ganz willkürlich tritt ein unorganisches h auch zum t, besonders dem finalen, ohne dessen Aussprache zu beeinflußen: net 783, aber neth 752, 808, 1026; gret 807, 1437, 1860, aber greth 1025; hwit 1729, aber with 48, 1144; let 314, 876, 1791, aber leth 252, 2651; smot 1676, 1828, 2408, aber smoth 2654; wot 119, 1345, 2803, aber woth 213, 653, 806, 1323 und Goddot 606, 796, 909, aber Goddoth 642, 2543, God it woth 2527; ꝛc. Bei den verschiedenen Arten der Wiedergabe des agf. ht erscheint das h oft genug als ein unorganisch angefügtes, nicht selten jedoch auch als eine Reminiscenz des agf. Lautes. Weiteres darüber sehe man § 12, A.

Andere Schwankungen in der Orthographie sind nicht als bloße Schreibgewohnheiten oder Nachlässigkeiten des Abschreibers anzusehen, sondern sie sind durch dialektische Einwirkung hervorgerufen. Es erscheint zweckmäßiger, dieselben in dem Paragraphen zu erwähnen, welcher von der Natur und Richtigkeit der Reime handelt. —

§ 4.

Eine Grundlage für unsere Untersuchungen der metrischen Verhältnisse des Lais von Havelok dem Dänen ist nun gegeben. Über den allgemeinen rhythmischen Charakter desselben läßt sich schon Folgendes sagen: Unser Gedicht, ein Versroman, ist nicht strophisch gegliedert, sondern in Inhaltsabschnitten von sehr ungleicher Verszahl verfaßt. Die Verse reimen meist paarweise. Männliche Reime wechseln nicht regelmäßig mit weiblichen. Die Zahl der Silben in den einzelnen Versen ist ungleich; einige Silben sind in ziemlich regelmäßiger Wiederkehr stärker betont als die andern, so daß ein gleichtaktiger Rhythmus entsteht. Im Versinneren sind feststehende Pausen (Cäsuren) nicht vorhanden. Das Enjambement findet sich ziemlich häufig.

Wir betrachten nun zunächst den einzelnen Vers für sich, sodann die Verse in ihrer Verbindung mit einander.*

---

* Für das Versinnere wurden nur die ersten tausend Verse genauer untersucht, die Reime dagegen vollständig.

Abschnitt I.
Der einzelne Vers.
§ 5.

Jeder Vers unseres Lais besteht aus einer Anzahl Silben, welche, wie schon bemerkt, nicht in gleicher Weise betont werden. Die stärker betonten, in der Regel vier, heißen Hebungen, die übrigen Senkungen. Im Wesentlichen steht die rhythmische Betonung, wie doch auch naturgemäß, in Übereinstimmung mit der natürlichen Betonung der Wörter. Bevor wir genauere Aussagen über die Hebungen und Senkungen machen können, müssen wir mit der Natur und Geltung des auslautenden, wie des inlautenden e vertraut sein. Betrachten wir daher zunächst das auslautende e.

A) Ein unter allen Umständen stummes auslautendes e scheint noch nicht vorhanden zu sein; denn ein e, welches unterdrückt werden kann oder vielfach ganz entbehrlich erscheint, ist an anderen Stellen wieder unentbehrlich. Das muß man annehmen, wenn man nicht den Rhythmus vieler Verse ganz zerstören will. Dagegen muß man zugeben, daß die auslautenden e im allgemeinen schon viel an Kraft eingebüßt haben, so viel, daß sie häufig verschleift, elidiert, ja oft genug gänzlich beseitigt werden können. Sie fallen in der Schrift sogar nicht selten ganz aus, auch wenn keine Notwendigkeit dazu vorliegt. Andererseits können, ja müssen dieselben e derselben Worte auch beibehalten werden und eine Senkung ausmachen. Jede Seite unseres Textes liefert so viele Beispiele dafür, daß wir einzelne kaum anzuführen brauchen. Es ist diese Geltung des auslt. e auch von vorn herein wohl anzunehmen, da wir uns in einer Übergangszeit befinden. Zur Erläuterung des Gesagten wollen wir nur einige Verse und Reime hier noch anführen:

Boþe in tun and ek in felde (: welde, infin.) 2034; Boþe in towne and ek in feld (: held, pret.) 2911; Speke y loude or spek y lowe 2079; on a litel stund : to þe grund 1858; on a litel stunde : a pund (acc.) 2614; in þe bed : adred 1217; in bedde : wedde (infin.) 2926; to hire bedde : wedde (infin.) 1113; brede (acc.) : gnede (adj. sing.) 97, aber bred (acc.) : ded (adj.) 633, 671, of bred : red (abst.) 825; frende (nom. sing.) : wende (pret.) 374, of here frend : hend (c. obl.) 2068; on flode : gode (sbst. pl.) 1231, in the flod : god (adj.) 521, 669, on the flod : god (adj.) 749; of londe : stonde 1160, of al þe lond : hond 437, 2294...; h|olde (adj. pl.) : þat bernard tolde (pret.) 2024; adradde (adj. pl.) : ladde (nom. sing.) 1786, aber adrad (plur.) : bad (pret.) 2304; þere : were 729, 2978..., aber ther : her 1924, þore : more 921, 981... unb þor : or (prius) 1043...

Elidiert wird ein auslt. e häufig a) vor einem Vokal, vgl. v. 5, 21, 36, 43, 50, 53, 65, 77, 88, 89, 91, 97...; b) vor h, agf. und rom., v. 38, 39, 41, 49, 56, 76, 78, 81, 86, 94, 95... Bisweilen ist die Elision sogar durch die Schrift angedeutet: þerl 117, 178, 1000, biddi 484, haui 2002, nis 462, 1998, 2240; dagegen þe erl 206, 409, 1117, 2715, 2884, bidde ich 910, bidde i 1733, haue ich 1434, ne is 849... — Auch sonst sind Fälle von Hiatus recht häufig. Die Elision ist nämlich unterblieben a) vor einem Vokale: v. 5, 16, 146, 147, 182, 209, 249, 275, 279, 311..., b) vor h: v. 4, 43, 107, 221, 439... — Sogar vor Konsonanten müssen wir ein gelegentliches Verstummen oder wenigstens eine starke Abschwächung des auslt. e annehmen, denn in der Schrift fehlt es zu oft, als daß wir bloße Nachlässigkeit des Abschreibers annehmen könnten, und häufig müssen wir, auch wenn es geschrieben steht, ein Verstummen annehmen, weil sonst gar zu häufig zwei, ja drei Senkungen auf eine Hebung folgen würden, während doch der Rhythmus im allgemeinen ohne Zweifel derart beschaffen ist, daß der Hebung eine, unter Umständen zwei Silben als Senkung folgen, die dann annähernd die Zeitdauer einer einzigen haben. Vgl. Schipper, Engl. Metrik, S. 79.

Beispiele: tale* pat 3, **wicteste man** 9, **mote** ben so 19, **time** were gode 28, **sone** to **sorwe** 57, **richelike bedde** 421, **note** of hise oþes 419, ferner siehe v. 12, 25, 37, 78, 85, 119, 128, 132, 146, 165, 166, 186, 205... —

Daneben können wir aber auch die entgegengesetzte Erscheinung beobachten. Nicht selten wird ein unorganisches e angefügt, doch nicht regelmäßigerweise demselben Worte in allen vorkommenden Fällen, sondern willkürlich, auch dann, wenn es zu entbehren wäre.

---
* Die Hebungen sind halbfett gedruckt.

Solche unorganische e weist besonders die Nominal-Flexion auf. Auch bei Adverbien und Präpositionen zeigen sie sich: here 21, 384, 487, 689..., where (whare whore) 549, 1083, 1881..., þere (þare þore) 232, 237, 737, 739..., ofte 226, 227, 307..., þer-offe 466, 746, 1331..., þer-offe aud 372, offe alle 435, onne 347, 1145, 1940, 2104... Die Schreibung ohne e wiegt jedoch merklich vor. —

B. Wir wenden uns nun zum inlautenden e. Auch bei ihm müssen wir schon ein gelegentliches Verstummen annehmen. Dazu berechtigt uns 1) die häufige Unterdrückung des e in der Schrift, 2) der Umstand, daß die inlaut. e, wenn auch in der Schrift vorhanden, doch für den Vers vielfach entbehrlich sind, und 3) daß sie, wenn man ihnen volle Geltung beimessen wollte, dem Gleichtakt schaden, ja demselben oft gänzlich zerstören würden, da dann nicht selten drei, ja vier Senkungen einer Hebung folgen würden, z. B. Wreleres and 39, feteres ful 82, Leuedyes in 239... — Weiteres Beweismaterial: poure 101, (: douere) 138, cf. pouere 58, doure (: oure ags. ofer) 320, cf. douere 267; castels 1301, 1321, 1442..., cf. casteles 397, 2365; kunrik 2143, cunnriche 2318, cf. kunerike 2400, 2804; monkes 243, 2584, cf. monekes 430, 2521; reures* 2104; leyn 718, leyen 475; sworn 204, sworen (: forloren) 579, aber forlorn : korn 769; eure 420, 427, 704... aber euere 88, 105, 207...; neure 80, 108, 488..., neuere 132, 493, 1210...; opre 1784, 2413..., opere 1832.

Ein besonderes Verhalten zeigt das e in letzter Silbe vor l, n, r, s, th und d, wenn noch eine weitere Silbe in der Senkung steht. Ein völliges Verstummen desselben ist in der Regel nicht anzunehmen, sondern nur eine Verschleifung.** „It is slurred over" sagt Skeat. In solcher Stellung ist das e vielfach so flüchtig zu lesen oder zu verschlucken, daß die Aussprache dieser nebenbetonten Silben nicht mehr Zeit als eine gewöhnliche Senkung in Anspruch nimmt, da sonst der Gleichtakt zerstört würde. Die Verschleifung

---

* Skeat hat im Text unnötigerweise dieses Wort in reu[e]res verändert, es im Vokabularium aber so stehen lassen.
** Wegen der Verschleifung der Silben siehe u. A. Schipper, Engl. Metrik, S. 109. Ten Brink, Chaucers Spr. u. Verskunst, § 272.

dieſer Silben wird der Zunge leicht, wenn Vokale ober ſolche Konſonanten jene Silben umſtehen, die ſich den genannten Endkonſonanten leicht anſchmiegen. Doch nicht immer müſſen jene Silben ſo flüchtig geleſen werden; es kommen genug Fälle vor, wo ſie allein in der Senkung ſtehen, z. B. mikel in 122, keuel at 637, diden al 70, wepen alle 401, hangen or 612, yemen here 172, leden hire 320, hunger wat 635, netes flesh 781 ꝛc.

Beiſpiele der Verſchleifung von

— el : luel þat 148, 155, deuel of 446, keuel of 547, litel he 6, michel was 60, mikel men 221 ꝛc.

— en : Die Endung en kann ſein a) Nominal- und Adverbialendung, b) Verbalendung (Infin., 1. P. Plur. des Präſ. und Prät., Particip):

a) mayden arise 205, mayden hw 287, children he 348, children and 698, boþen he 471, abouten his 521, 670.

b) vor Vokalen und h: riden on 10, 26, 88; biginnen a 21, maken an 29, ſodann 43, 88, 102, 175, 203, 257, 335, 346, 379, 493, 494...; comen him 18, bringen he 185, sholden hise 441, ebenſo 242, 244, 245, 325, 376, 456, 516, 561, 581, 583...; vor Konſonanten, doch ſeltener: hauen no 145, taken bis 260, speken wit 369, greten for 449, maken þe 530, beren fish 762, gangen to 845...

Wie häufig die Verſchleifung der Verbalendungen vorkommt, mögen folgende Verſe zeigen:

68. He made hem lurken and crepen in wros
þe hidden hem alle and helden hem stille.
164. He greten and gouleden and youen hem ille.
370. Speken and gangen on horse riden.

Wenn dem — en ein r vorausgeht, ſo wird das e auch in der Schrift oft ganz unterdrückt: sworn 204, forlorn : korn 769, sworen : forlorn 1423, born : korn 461, 1167, biforn 231, 246... aber sworen : forloren 579, boren : koren 1878.

— er : hunger and 449, siluer he 818, water y 912, oþer he 94, after his 138, after a 524, yunder an 922 ꝛc.

— es : Auch das es des Plurals, des Genetivs und der Verbalformen erfährt häufig ſolch' eine flüchtige Ausſprache:

v. 397. **Casteles** and **tunes**, **wodes** and **wonges**. **maydues** and 2, **knictes** in 239, **laxes** of 996, **turnes** he 939, ferner 33, 41, 152, 213, 243, 268, 303… Vor Konsonanten bildet es in vielen Fällen die Senkung für sich; man sehe nur v. 1444: Borwes, tunes, wodes and wonges.

— **eth**: **woneth** in 105, **yeueth** us 459, **haueth** me 564, **eteth** he 672…

— **ed** (ede): Schließlich bleibt noch der Ausgang — **ed** zu untersuchen. Im Nomen (heued, naked ꝛc.) und im Particip hat er dieselbe Geltung wie die schon besprochenen Endungen. Beispiele: **heued** and 379, aber **heued** 624, **maked** and 58, **hosed** and 971, aber **henged** 1429 ꝛc. Die Endung des schwachen Präteritums gehört nicht hierher, denn sie hat, sofern der Ableitungsvokal sich überhaupt erhalten hat (f. Sievers, Agf. Gramm.), die Form —ede, worin das Schluß-e noch keineswegs verstummt ist. Die äußerst seltenen Fälle, in denen dasselbe in der Schrift nicht erscheint, z. B. hated hem 40, haued in 336, haued me 1372 ꝛc. sind durch die Flüchtigkeit des Schreibers verursacht.

Sei es gestattet, hier für die Lautbarkeit des Schluß e von —.ede einige Gründe anzuführen: 1) Das Prät. yemede reimt v. 2276 mit dem Subst. im Plur. fremde. 2) Dem Particip sperd, welches selbst im Plural sonst kein e hat (f. v. 414), ist eigens ein e angefügt, damit es mit dem Prät. ferde (v. 447) reimen könne. 3) Der Prät.-Ausgang —de bildet sonst häufig die Senkung. 4) Schließlich sei noch bemerkt, daß auch die Pluralformen sich voll erhalten haben: **haueden** igret 162, **ansuereden** and 176, **sprauleden** in 475; unter 20 Fällen fehlt das n nur einmal, v. 2000.

§ 6.

Im Havelok haben wir es mit einem bekannten gleichtaktigen Verse, dem sogenannten Vierheber, zu thun, den wir in so manchen altenglischen Gedichten, z. B. auch in Genesis and Exodus, vorfinden. Fritsche's und Anderer Bezeichnung „Jambischer Dimeter" ist für denselben nicht angebracht, denn wenn auch der Dichter einen gewissen Wechsel von Hebung und Senkung eintreten läßt, in der Regel auch nur eine Silbe in der Senkung steht, so ist doch nach germanischer Art die Zahl der Senkungen in den einzelnen Versen zu ungleich, um jene Be-

zeichnung gerechtfertigt erscheinen zu lassen.* Ueberdies beginnen die
Verse so häufig mit einer „Hebung" — unter den ersten tausend etwa
fünfhundertundsechzig — daß man eher von einem tontrochäischen Gefälle
sprechen könnte. Nach Schipper, Engl. Metrik, S. 80 ist es für
die erste Zeit der altengl. Verskunst besonders charakteristisch, daß die
„trochäischen" und „jambischen" Rhythmen nicht so streng von ein=
ander gesondert wurden wie in der modernen Rhythmik.

Beginnt der Vers mit einer Hebung, so ist nicht nötig, daß
er mit einer Senkung schließe, und umgekehrt. Man betrachte darauf=
hin nur die ersten Verse unseres Gedichtes.

Die Hebungen in demselben Verse sind nicht immer von gleicher
Stärke. Eine, auch wohl gelegentlich zwei derselben, sind den andern
nicht selten an Kraft merklich überlegen. Ein starker logischer Nach=
druck ruht auf ihnen.

Neben Versen von vier Hebungen kommen jedoch auch solche
von fünf, seltener von drei Hebungen vor. Die eine oder andere
der fünf Hebungen ließe sich wohl durch Konjektur oder durch mehr
oder minder gewaltsame Verschleifung beseitigen. In vielen Fällen
aber würde das unmöglich sein, ohne den Sinn des Verses zu ändern
oder zu zerstören. Durch Annahme eines zweisilbigen Auftaktes ließe
sich auch nur ein kleiner Teil derselben beseitigen. Wir haben auch
keinen Grund, anzunehmen, daß unser Dichter im Bauen der Verse
so geschickt war, daß ihm nicht hier oder da ein Vers mit einer
Hebung zu viel oder zu wenig hätte entschlüpfen können. Also wollen
wir jene Verse lieber so belassen, wie wir sie vorfinden. Fünf He=
bungen finden sich z. B. v. 3, 4, 57, 181, 295, 307, 438, 490,
625, 694, 854, 864, 932, 935, 982.... Verse von drei Hebungen sind viel seltener; es finden sich nur v. 626 Godard þat fule
swike, v. 915 And kindlen ful wel a fyr, v. 980 At Lincolne,
at the gamen, v. 1678 Or he fro him ferde.

Was die Stellung der Hebungen angeht, so ist schon kurz er=
wähnt, daß in den ersten tausend näher untersuchten Versen etwa
560mal der Vers mit einer Hebung beginnt. Etwa 400mal schließt
eine Hebung den Vers. Im Versinnern sind die Hebungen durch

---

* Unter den ersten 100 Versen kann man mit Sicherheit nur 25 als
solche hinstellen, welche nirgends eine zweisilbige Senkung aufweisen.

eine ober auch zwei Silben, welche in der Senkung stehen, getrennt. Selten kommt es vor, daß die einsilbige Senkung in der Schrift fehlt, so daß zwei Hebungen neben einander stehen. Dann müssen, um den Rhythmus zu erhalten, die Liquiden ihre Silben bildende Kraft äußern, der Ton der ersten der beiden Hebungen muß in der Schwebe gehalten, die fragliche Silbe, die nur langen Vokal haben kann, muß gleichsam auseinander gezerrt, zweisilbig gesprochen werden.

v. 205: þe king — dede þe mayden arise.
v. 651: Grund — like and was ful bliþe.
v. 810: To morwen shal ich forth — spelle.
v. 913: þe fir — blowe an ful wel maken.
v. 966: Was it not worth a fir — sticke etc.

Skeat hat, wenn Liquide in Frage kamen, auch äußerlich bisweilen die Zweisilbigkeit durch Einschiebung oder Anfügung eines e dargestellt, was aber unnötig ist; vgl. v. 160, 532, 824, 832...

Wir finden also Worte vor, die bald einsilbigen, bald zweisilbigen Wert haben.

Es erübrigt nur noch zu erwähnen, welche Worte und Silben die Hebung tragen können. Natürlich ist es zunächst, daß der rhythmische Ton die Begriffsträger trifft und zwar bei mehreren, nebeneinanderstehenden den stärkeren zuerst. Doch kommen auch Fälle vor, wo der schwächere auch den Hochton neben dem stärkeren trägt. Von den einsilbigen Wörtern erhalten ihn Pronomina, Präpositionen, Konjunktionen ꝛc. häufig genug. Dagegen wird es begreiflich sein, daß z. B. der Artikel vor seinem Substantiv, die Negation ne vor dem Verbum ihn nicht erhält. In zweisilbigen Wörtern trägt* zunächst die Stammsilbe den Hochton; „tonlose" Flexionsendungen stehen in der Senkung. Dagegen sind vollere Bildungssilben, wie ing, and, ness u.s.w., sowie die zweiten Silben der Nominalcompositionen wohl im Stande, neben der Hauptsilbe auch noch einen Hochton zu tragen, in welchen Fällen dann beide Silben in einer gleichmäßigen, schwebenden Betonung zu halten sind. In dreisilbigen Wörtern tritt neben der Stammsilbe die zweite sehr zurück, wogegen die dritte wieder als Hebung verwertet werden kann. Da sich zahlreiche Beispiele für das Gesagte auf jeder Seite finden, werden hier Belege nicht besonders angeführt. Daß nebenbetonte Silben bisweilen die Hebung tragen, während die

---
* Nach allgem. germ. Gesetz.

den Wortaccent tragende Silbe in der Senkung steht, wird man bei der Besprechung der Reime belegt finden. Vorzugsweise findet sich eine schwankende Betonung bei Eigennamen jedes und bei Worten romanischen Ursprungs: Hauelok 5, 43, 410, 835..., Hauelok 476, 503, 504..., Godard 452, 465..., Godard (: cauenard) 2383, englond 52, engelond 278, engelond 59, 63, 108, 127, 173..., denemark 396, 492..., denemark 485..., grimesby 745, grimesby 1202 ꝛc. Die dem Romanischen entstammenden Worte haben meist noch romanischen Accent, doch findet sich auch germanische Betonung, z. B.: castels 252, 324, baruns 261, 273, traysun 312, 444, auter 389, merci 614, sturgiun 753, paniers 760, 803 ꝛc. Vgl. auch Schipper, a. a. O., S. 16—20. Ten Brink, a. a. O. § 279.

Zum Schluß dieses Paragraphen wollen wir noch eine besondere Eigenheit der Hebungen eines und desselben Verses erwähnen. Die Hebungen haben bisweilen eine gewisse Beziehung zu einander, ein gewisses Band vereinigt zwei oder drei (schwerlich jemals alle vier) von ihnen. Dieses Band ist entweder die Alliteration oder der Binnenreim. Beide Arten der Bindung treten jedoch nur vereinzelt auf. Die vorkommenden Fälle der Alliteration waren vom Dichter kaum beabsichtigt; sie sind zufällig oder formelhafte Redewendungen, man vergleiche: Mann und Maus, Kind und Kegel. Von der vokalischen Alliteration sehen wir hier ganz ab, ebenso von denjenigen Fällen, wo nur zwei die Arsis tragende Silben mit demselben Konsonanten beginnen, da der Zufall dabei leichtes Spiel hatte.

Die folgenden Beispiele konsonantischer Alliteration, denen wir die Alliterationsformel voranstellen, sind vollzählig:

a a a —.
Wind and water, wodes and feldes v. 1360. Man sehe ferner v. 164, 742, 1204, 1360, 2049, 2393, 2612.

a a — a.
þou wost ful wel, yif þu wilt wite v. 2708. Ferner v. 1766, 2113, 2498, 2641, 2803.

a — a a.
In feteres and ful faste festen v. 82 und 1785, sowie 647.

— a a a.
þer was sobbing, siking and sor v. 234, sodann noch v. 84, 333, 1432, 1994, 2544, 2555, 2724, 2736.

a b a b.

þus seide grim and sore gret v. 615; so auch v. 1938, 2079, 2876. Der Binnenreim findet sich a) zwischen der ersten und zweiten Hebung: Sorful and Sori v. 151, ferner v. 320, 596, 824, 930, 1248, 1650, 1927...; b) zwischen der dritten und vierten Hebung: browt to nouth v. 58, außerdem v. 146, 352, 2188, 2541, 2793...; c) in der Mitte zwischen zweiter und dritter Hebung: And wo [so] diden widuen wrong v. 79, sodann noch v. 465, 573, 742, 1115, 1284, 1304...; d) zwischen zweiter und vierter Hebung: And sauteres deden he manie reden v. 244, ferner v. 399, 611, 1171, 2569, 2801, 2880, 2964.... Man vergleiche Guest, History of Engl. R. I, pg. 124—25, betreffend Sectional Rimes, Inverse and Middle Rimes.

Eine weitere, dem Binnenreim verwandte Erscheinung läßt sich noch anführen. Die Anfangsworte des ersten „Halbverses", wenn man so sagen darf, sind häufig auch die des zweiten: Hym louede yung, him louede holde v. 30, Ne for siluer, ne for gold v. 73, Were it clerc, or were it knicth v. 77; ferner v. 125, 180, 191, 271, 310, 362, 605, 635, 698, 729, 768, 942, 960, 987, 1002....

§ 7.

Wie schon zu Beginn des vorigen Paragraphen erwähnt ist, folgt jeder Hebung in der Regel eine einsilbige Senkung. Nicht selten stehen aber auch zwei Silben in der Senkung, doch sind dieselben dann derart zu verschleifen, daß sie eine nicht merklich größere Zeitdauer in Anspruch nehmen als eine Senkung; anderenfalls würde der Gleichtakt zu sehr gestört werden. Der Schrift nach zeigen sich oft drei, ja vier Silben in der Senkung; dann sind jedoch sicherlich ein oder zwei e verstummt, so daß für die Senkung doch nur zwei Silben anzunehmen sind, z. B. Leuedyes in v. 239, note of hise v. 419, hauede of v. 437, knelede bi v. 482, shulde hise v. 586, Hauelok it v. 886 ꝛc. Über das Fehlen der Senkung in der Schrift ist schon S. 24 gesprochen worden. Zweisilbige Senkungen zeigen sich vorzugsweise nach der zweiten und dritten Hebung, doch sind sie auch nach der ersten keineswegs selten. Nach der vierten Hebung dürften zweisilbige Senkungen kaum anzunehmen sein; man vergleiche dazu die Bemerkungen über die Mehrsilbigkeit der Reime S. 28. Zweisilbige Senkungen finden sich z. B. nach der ersten Hebung: At the be- v. 13, Fil me a 3, Sorful an 151, Monkes and 243, Hweþer sho 294, Riche ne 353, Swanborw his 411, Hauelok it 476, Soth it is 647, Him and his 716, Many god 751, Keling he 757 etc.; nach der zweiten Hebung: maydnes and 2, faderles 75, faste wit 144, wringing and 235, hangen on 335, hauelok in 540, galues so 687, doutres pat 717 zc.; nach der dritten Hebung: alþerbest 182, 720, drawing bi 235, bedels and 266, helfled þe 411, wile þat he 520, loke wat it 597, leyn in an 718, hwan it was 811 zc.

Ungefähr 440 der ersten 1000 Verse beginnen mit einer Senkung, etwa 600 schließen damit, s. S. 23. Wir sind nicht gezwungen, irgendwo einen zweisilbigen Auftakt anzunehmen.*

Was nun den Tonwert der in den Senkungen stehenden Silben angeht, so ist aus den hier und in dem Abschnitt von den Hebungen angeführten Beispielen zur Genüge zu ersehen, daß nicht nur nebenbetonte Silben in der Senkung stehen, sondern auch solche, die ein unter Umständen schon verstummendes, meist auslautendes e haben, ja sogar, daß hochbetonte Silben in der Senkung stehen können. Für die letzte Möglichkeit führen wir noch einige recht auffällige Beispiele an: Ful michel 160, Wis man 180, Hic haue yemed 305, Was in þe lond 340, Crist warie 433, Manrede 484, Grim tok 537, God yelde him 803, Thou canst 846 zc.

II. Abschnitt.
Die rhythmische Verbindung der Verse unter einander.
§ 8.

Die Verbindung der Verse unter einander geschieht hauptsächlich durch den End- oder Vollreim. In Bezug auf die Zahl der durch denselben Endreim verbundenen Verse ist zu sagen, daß im allgemeinen zwei Verse durch denselben Reim zu einem Reimpaare verbunden werden, die Verse reimen paarweise miteinander; doch fehlt es nicht an Ausnahmen:

1) Vier Verse zeigen denselben Reim: 17**, 37, 487, 509

---

* Zweisilbiger Auftakt fehlt auch bei Chaucer, vgl. Ten Brink, Chaucer zc. § 300.

** Ich gebe immer nur die Ziffer des ersten Verses an.

549, 561, 685, 1754, 2064, 2170, 2430, 2550, 2624, 2738, 2876, 2900.

2) Sechs Verse reimen zusammen: 673, 1740, 1880.

3) Neunzehn Verse reimen auf — ede: v. 87—105, wo wir es mit einem beabsichtigten Kunststück des Dichters zu thun haben. Betreffs bope, blode, rode v. 430—32 f. S. 34.

§ 9.

Was die Zahl der den Endreim bildenden Silben angeht, so sei bemerkt, daß unter den ersten 500 Reimpaaren, abgesehen von den wenigen Fällen von Assonanz ꝛc., sich etwa 200 einsilbige Reimpaare (single rimes) finden, die stets die Hebung tragen. Als zweisilbige Reime sind diejenigen anzusehen, welche von Wörtern gebildet werden, die auch im Innern des Verses für zwei Silben gelten können. Von den c. 280 zweisilbigen Reimen (double rimes) gehen c. 220 auf ein e der Verbal- oder Nominalflexion aus, die übrigen Paare auf die Endungen en, es, eth, ed und el. Abgesehen von tumberel : makerel 757 trägt stets die erste Reimsilbe die Hebung. Triple rimes giebt es wohl kaum in unserm Lai, denn Reime wie yemede : semede 975, liueden : clyueden 1299, heuene : steuene 1275, heuene : seuene 2124, feteres : leteres 2480, brittene : littene 2700 sind anscheinend zweisilbig gesprochen worden; man vergleiche poure : douere 138, yemede : fremde 2276.

§ 10.

Für unsere Untersuchung der Beschaffenheit der Reime legen wir die Definition des Reims von Schipper, Engl. Metrik, S. 33—34 zu Grunde: „Der Endreim oder Vollreim, auch schlechtweg Reim genannt, beruht in dem Gleichklang der Vokale und Consonanten der Schlußsilbe oder -Silben eines Verses vom Anlaut des Wortes, resp. der Silbe, an gerechnet, der verschieden sein muß, wenn nicht rührender Reim entstehen soll, welcher völlige Gleichheit aller Buchstaben voraussetzt, bei verschiedener Bedeutung des Wortes."

In Betreff der in unserm Text gegebenen Versschlüsse läßt sich nun sagen:

a) Die Paare bilden keinen Reim.
b) Die Paare bieten unreinen oder mangelhaften Reim.
c) Die Reime sind gut.

Der Fall, daß zusammengehörige Versausgänge gar keinen Reim bieten, ist selten. Der Reim ist unschwer herzustellen:

1) plattinde : gangande 2282. Ellis sagt: „Plattinde : gangande is probably a scribal error." Steat pg. XLVI schließt sich dem an: „We may then perhaps alter gangande to ganginde." Ich bin derselben Ansicht, denn einmal konnte der Schreiber die erste Silbe gan - gar leicht wiederholen, und zweitens findet sich die südliche Verbalendung — inde sonst noch fünf Mal, v. 508, 865, 946, 1390 und 2282, während die nördliche Endung — ande sich sonst nur in dem Verbalsubstantiv tipande 2279 zeigt.

2) bidde : stede 2548. Stratmann bemerkt dazu in Kölbings Engl. Stud. I, 3: bidde für bede ist eins der ältesten Beispiele der Verwechselung von bidden und beoden. Auch ich möchte das bidde dem Schreiber schuldgeben, man vergleiche: bede : stede 2193.

3) blinne : sunne. Stratmann a. a. O. sagt: „Grammatik und Reim verlangen die Lesung blunne." Steat pg. XLIV schließt sich dem an. Das Präteritum ist in der That hier erforderlich und blinne (inf.) reimt v. 2367 mit þerinne, v. 2374 mit sinne, andererseits sunne v. 435 mit kunne.

4) misdede : leyde 993. Ellis II, pg. 874 bemerkt hierzu: „There was no period of English pronunciation, in which misdede leyde would have rhymed, so far as our researches extend. The passage must therefore be corrupt." und pg. 475: misseyde for misdede, relying upon 49, 1686, 1938. — Auch Steat pg. XLVI sagt: „Misdede is clearly an error for misseyde, as appears from the parallel passage in ll. 49—50 and it then rimes with leyde." — Ich bin ebenfalls der Ansicht, daß ein Fehler vorliegt, und zwar veranlaßt durch das darüberstehende misdede. Man vergleiche übrigens noch v. 228, 382 und 1914.

In den ersten drei Fällen könnte Jemand vielleicht Reime zwischen nebenbetonten Silben sehen wollen, doch liegen einmal die Änderungen recht nahe und dann sind solche „Tieftonreime" nur in zweisilbigen Wörtern mit langem Stammvokal als zulässig anerkannt. Vgl. S. 42.

§ 11.

Nachdem wir diese wenigen Fälle durch Konjektur beseitigt, wenden wir uns denjenigen Reimen zu, welche nach der gegebenen Definition als unrein oder mangelhaft zu bezeichnen sind. Der Mangel besteht I) darin, daß dem Reimvokal vorangehende Konsonanten nicht vorhanden, oder, wenn es der Fall ist, sie dieselben sind. Solche reiche oder „rührende" Reime, welche in Frankreich gesucht sind und rimes riches ou heureuses genannt werden, mißfallen dem Engländer. Sie tragen verschiedene Namen: homoioteleuta, like-endings, perfect rimes und (nach Sk eat) repetitions. Guest in seiner Hist. of E. Rh. pg. 123 sagt von ihnen: „The perfect rime always sounds strange to the ear and in some cases most offensive too." — Skeat führt als „repetitions" auf: 1) men : men v. 1, 2) holden ; h|olde 29, 3) erþe (earđian) : erþe (eorđe) 739, 4) heren : heren 1640, 5) nithes : knithes 2048 (auch 2352), 6) youres : youres 2800 und fährt dann fort: „To this class belong also : londe : longe 172, heye : h|eie 1151, 2544, where londe-longe is, however, only an assonance." Hierzu möchte ich Folgendes bemerken. Ich bezweifle, daß man holden : h|olde einen reichen Reim nennen kann, weniger des fehlenden n wegen — denn man könnte das vorhandene ja fallen lassen —, sondern wegen des dem olde vorgesetzten, unorganischen h, da dessen Verwendung doch ganz willkürlich war und es schwerlich die Hauchstärke des organischen hatte.* Dasselbe gilt von heye : h|eie. Übrigens ist hier noch ein kleiner Irrtum zu beseitigen. Das unorganische h findet sich garnicht in dem auch von Skeat angeführten Falle 2544, ebenso wenig in v. 2724, den Skeat dann hätte auch noch anführen können. Daraus ersieht man aber deutlich, daß hier nicht reiche Reime vorliegen. Neben heren : heren 1640 hätte Skeat noch here : here 731 anführen können; ein Anlaß zur Änderung lag nicht vor. Was das fünfte Beispiel angeht, so bin ich der Ansicht, daß es nicht hierher gehört. Skeat beweist uns nicht, daß k vor n schon verstummt war. Nach Swet, Hist. of E. Sounds pg. 194 war es noch hörbar und dann klang die Konsonantenverbindung kn doch ganz anders als das einfache n. Mit

---

* Sweet, Hist. of E. Sounds, pg. 134 sagt: „In O. E. h was weakened to a mere breath initially. This is proved by the occasional omission or addition of an initial h.

demselben Rechte hätte Skeat auch Beispiele wie stride : ride 2060, brihte : rihte 2610 ꝛc. anführen können. — Ein Beispiel des reichen Reimes ist von Skeat ganz übersehen worden: þe (ags. þeoh thigh) : þe (ags. þe, thee) v. 1950. — Das Beispiel longe : londe v. 172 gehört natürlich unter die Assonanzen.

II) Ein anderer Mangel liegt vor, wenn die dem Reimvokal folgenden Konsonanten nicht übereinstimmen. Wir haben es dann mit Assonanzen zu thun. Dieselben sind, nach Schipper, S. 33, in der englischen Poesie als eine Form unreiner Vollreime zu betrachten und meist der Bequemlichkeit des Dichters zuzuschreiben. Die vorkommenden Fälle sind: rym : fyn 21, longe : londe 172, yeme : quene 182, harde : crakede 567, stareden : ladden 1037, shop : hok 1101, fet : ek 1303, gome (für ioye nach Zupitza) : trone 1315, yer : del 1333, name : Rauen 1397, maked : schaped 1646, riche : chinche 1763, 2940, feld : swerd 1824, 2634, troud : god 2338, boþen : utdrowen 2658, sowie oth : (god it) wot|h 2526 und beþe (boþe) : rede 360, 694, 1680.

Zu harde - crakede 567 ist zu bemerken: Ellis II, pg. 472 will die Assonanz anerkennen und nur he und þer umstellen. Skeat führt pg. 91 eine Konjektur von Morris an, die wohl viel für sich hat. Man vergleiche noch v. 901, 1814, 1904 und 2656. —

Betr. stareden - ladden 1037. Skeat schreibt im Glossar: „Probably miswritten for stradden, contended. Ellis II, pg. 471, note 3 hat jedenfalls Recht, wenn er stareden beibehalten will. Wegen des Sinnes vergleiche man etwa noch Beowulf v. 1604 und 1936.

Betr. shop - hok 1101. Ellis sagt nichts über diesen Fall; pg. 472 lesen wir nur: shop (?) — hok. Skeat giebt die Note: Qu. shok or strok. Zupitza sieht hier Assonanz und behält den Text bei, was auch mir das richtigste zu sein scheint.

Betr. feld - swerd 1824 und 2634. Die Assonanz feld (= felled) — swerd 1824 läßt Skeat unbeanstandet. Dagegen bei feld (= field) — swerd 2634 soll letzteres Wort in sheld geändert werden, damit der Reim und, nach Skeat's Ansicht, auch ein besserer Sinn herauskommt. Doch with the swerd = vermittelst des Schwertes giebt einen guten Sinn, also liegt zur Änderung kein Grund vor.

Betr. troud - god 2338. In Sleat's Text steht croud. Das ist nach Stratmann ein einfacher Lesefehler, c und t sehen sich im Ms. sehr ähnlich. Troud ist gleich trowd = trowed, also haben wir hier Assonanz.

Betr. oth - wot|h 2526. Dieses Beispiel ist sowohl von Ellis, wie von Sleat übersehen worden. Das Wort woth hat unorganisches h, erscheint meist auch ohne dasselbe; es ist das Präteritum wât von witan und kommt nur hier im Versschluß vor. Das Wort oth, agf. âđ, reimt stets nur mit Wörtern auf th, nie mit solchen auf t oder d; oth : loth 260, 438..., oth : wroth 1117, oth : soth 2008, opes : clopes 418, 577, 2336, 2458. Diese mit oth reimenden Wörter finden sich ihrerseits nie mit t oder d geschrieben, noch treten sie in Reimstellung mit Wörtern auf t oder d. Also haben wir es im vorliegenden Falle oth : wot|h mit einer Assonanz und nicht mit einem Reim zu thun.

Betr. beþe - rede. Dieser interessante Fall schließt sich dem vorhergehenden eng an. Der Wichtigkeit der Sache wegen führen wir alle hiermit im Zusammenhang stehenden Fälle genau auf:

beþe* : rede (sbst. ræ̂de) 360, beþe : rede (inf. rǣdan) 2584, boþe : rede (1. p. sg. prs. von rǣdan) 1680. Diesen Beispielen stehen gegenüber: 1) boþe : rothe (von dem mit rǣdan stammverwandten altn. râđa) 2816; 2) boþe : wrothe (ags. wrâđ) 2972; 3) boþe : rathe (ags. adv. hræđ) 2936; 4) baþe : rathe (altn. râđa) 1335; 5) baþe : rathe (altn. sbst. râđ) 2542; 6) baþe : rathe (ags. hræđ) 2594.

Was liegt denn nun vor, Reim oder Assonanz? Beachten wir 1) daß das Wort rede sonst nur mit einem Worte auf d reimt, f. v. 103, 118, 184, 687...; 2) daß beþe in userm Text sonst nur mit Wörtern reimt, welche þ (th) haben (s. die obigen Beispiele), und diese wiederum niemals mit solchen auf d oder t im Reim stehen, — rath : lath (ags. lâđ) 75, raþe : scaþe (ags. sceađan) 2006, rathe : paþe (ags. pâđ) 2380 und 2390 — so geht wohl zur Genüge daraus hervor, daß, entgegen Sleat, d nicht die Aussprache des þ oder ð wie von d haben kann. Es giebt allerdings Bei-

* Wegen des Vokalwechsels (beþe, boþe, baþe, altn. bâđir), siehe pg. 41.

spiele, welche zeigen, daß bisweilen die Spirans zur tönenden oder tonlosen Explosiva geworden ist. Vgl. Sweet, a. a. O., S. 138 u. 192, Sievers, a. a. O. S. 65 u. 78.

Zwei Beispiele finden sich auch in unserm Text. Das đ̂ des Substantivs deáđ ist schon allgemein zu d geworden. Wir finden überall die stimmhafte Explosiva wo der Laut gesichert ist, so z. B. im Reim: ded : red (ræd) 149, 2870, ded : red (read) 1687 und in der Flexion 167, 332, 2067... Zweimal findet sich allerdings auch th, v. 116 und 354, aber im Versinnern, wo der Laut also nicht gesichert ist. Daraus ist zu schließen, daß das gesicherte ded dem Dichter, deth aber dem (vermutlich nordischen) Abschreiber zuzuschreiben ist. — Wie kommt es denn aber, daß der Dichter das đ̂ in diesem Worte schon aufgegeben, während er es in unzähligen andern Fällen doch beibehalten hat? Ohne Zweifel ist hierbei Analogie von Einwirkung gewesen. Das oft vorkommende Abjektiv ded hatte ja schon im Anglf. d (dead); daneben tritt überdies das Substantiv dede (agf. dæd oder dêd) und auch das ebenfalls häufig gebrauchte Präteritum dede, wechselnd mit dide. Das Eintreten von d für đ̂ bei diesem Worte unter solch' besonderen Einflüssen ist also für den Fall beþe - rede nicht von Beweiskraft.

Nun kommt noch das Präteritum von cweđan in Frage. Dasselbe erscheint als quot 1954, 2808, hwat 1650, 1878, wat 595, quod 1888, quodh 1800 neben dem recht häufigen quath (quoth) 606, 642, 2008, 2037... Bedenkt man dabei, daß ein unorganisches h so häufig angefügt, ein organisches weggelassen wird, daß ferner d und t oft genug wechseln, so wird man auf die angeführten sieben Beispiele nicht zuviel Gewicht legen, sie nicht auf Rechnung des Dichters, sondern des Schreibers setzen.

Auch herknet v. 1, hauet v. 564 und seyt v. 647 sind neben den recht zahlreichen Beispielen, welche — eth aufweisen, nur als Flüchtigkeitsfehler des Schreibers anzusehen.

Aus der ganzen Darlegung ergiebt sich nun wohl mit ziemlicher Gewißheit, daß đ̂ zur Zeit der Abfassung unseres Gedichtes noch nicht zur tönenden Explosiva geworden war, mithin, daß oth : wot|h, beþe : rede nicht Reime, sondern Assonanzen sind. Übrigens ist auch Ellis meiner Ansicht, denn pg. 472 sagt er: „Beþe does not rhyme to rede, it is only an assonance."

Skeat verwickelt sich in Bezug auf bepe-rede in merkwürdige Widersprüche. Im Glossar unter rathe bemerkt er: „Cf. ll. 693, 1681 and 2585 of the present poem, in all which cases the d in rede has the sound of th." Sodann lesen wir pg. XXXVIII: „So likewise bothe or bethe (Wozu also ändern?) is in sound equivalent to rede, ll. 360, 694, 1680." Demnach hätten wir es also mit guten Reimen zu thun! Nach pg. XLVI aber soll bepe-rede „a loose rime" sein und pg. XLV finden wir bepe-rede auch unter den „assonant rimes."

Hiernach leuchtet nun auch die Unrichtigkeit von Skeat's Notz auf pg. 14 ein: „Lines 430, 431, 432 rime together." — Es stehen die Worte bope, rode und blode im Versschluß. — Zudem wäre dies der einzige Fall, wo drei Verse mit einander reimen. Da der Sinn auch nicht ganz klar ist, ist wohl anzunehmen, daß vom Schreiber eine Zeile ausgelassen ist. Skeat selbst schwankte in seiner Ansicht, denn pg. XLVII findet sich die Bemerkung: „Bope has no line answering to it and a line may have been lost."

Ein zweifelhafter Fall von Assonanz scheint mir bouth : oft v. 883 zu sein. Skeat, pg. XLVI bemerkt dazu nur: „Observe also bouth-oft [read vt or ût = out?]. Ellis, pg. 472, aber meint: „Bouth-oft is a case of assonance, bouth being bought, where properly the ugh is the voiced sound of Scotch quh and easily passes into f." Man vergleiche noch Mätzner, Engl. Gramm. I, pg. 162. Ich neige daher zu der Ansicht, daß eher Reim als Assonanz vorliegt.

Trotz Verschiedenheit der dem Reimvokal folgenden Konsonanten sind nachstehende Fälle als Reime und nicht als Assonanzen anzusehen, da die Abweichungen meist der Willkür des Schreibers zuzuschreiben sind: 1) þank : rang 2560. Dieses Reimpaar wird von Skeat unter den Assonanzen (pg. XLV) aufgeführt, obwohl er pg. XXXVIII sagte: „g even occurs for k as in rang 2561." Ich stimme Ellis bei, der II, pg. 472, note 2 sagt: „This may be a rhyme." 2) odrat : bad 1153. Das Prät. bad reimt sonst mit drad oder adrad (von an-drǣdan), z. B. v. 1047, 1668, 1682, 2395; odrat kommt von ofdrǣdan, es liegt also ein Fall der so

häufigen Verwechselung von d und t vor; man kann dieselbe einem wenig gebildeten Schreiber nicht so sehr verübeln, da ausltb. d ja leicht tonlos wird (S. Mätzner I, 141).
3) wend (part.) : gent (afr. gent) 2138. Das Particip von wendan wird sonst auch mit t geschrieben, z. B. 2450, 2823...
4) Auch das d der Participial=Endung -ed ist in einigen Fällen vom Schreiber durch t oder t + unorgan. h ersetzt: henged : slenget 1922, weddet|h : beddet|h 1127, aber richtig wedded : bedded 2771. Man vergleiche noch grethet 2615, aber greped 2003 und greiped 714.

§ 12.

Es erübrigt nun noch solche Reime zu besprechen, welche wegen der nicht vollständigen Übereinstimmung der dem Reimvokal folgenden Konsonanten oder wegen der verschiedenen Darstellung des vokalischen Lautes beim ersten Anblick als mangelhafte erscheinen könnten. Neben leichteren Versehen des Schreibers sind es dialektische Eigenheiten, welche jene Verschiedenheiten hervorgebracht haben. Der Dialekt des östlichen Mittellandes, dem unser Text angehört, zeigt Eigenheiten des nördlichen wie des südlichen Dialekts. Kaum ist wohl anzunehmen, daß selbst der Dichter in der Darstellung ein= und desselben Lautes stets konsequent gewesen ist und die Klangfarbe der Laute selbst in solch' einem Mischdialekte ist natürlich schwankend. Der wenig gebildete Schreiber mußte die Schwankungen in der Darstellung der Laute noch vermehren. So lange nun die schwierige Frage, was dem Dichter und was dem Schreiber in Rechnung zu stellen sei, nicht gelöst ist, müssen wir uns hüten, einer einheitlichen Darstellung zuliebe die eine Schreibung zu bevorzugen, die anderen zu tilgen, sondern vielmehr alle bestehen lassen und die nun zur Sprache kommenden Reime als richtige, wenigstens als befriedigende anerkennen.

A. Wir betrachten zunächst diejenigen Reime, welche in Bezug auf die Konsonanten Verschiedenheit aufweisen. 1) Auf Seite 16 ist schon erwähnt, daß das ausslt. n, besonders in Verbalformen, bereits sehr geschwächt ist.* Es wird willkürlich gesetzt oder ausgelassen. In den Reimen kommt es vor, daß beide Reimworte das

---
* Vgl. auch Sweet, a. a. O., S. 193.

n behalten, beide es abwerfen oder nur das eine derselben ein n aufweist. Dieses eine n wurde dann beim Vortrage entweder garnicht oder nur ganz leise gesprochen. Die folgenden Reime wären also als richtig anzusehen:

holden : h|olde 29, swere[n] : heren 254, gangen : fonge 855, sowen : lowe 957, f. auch 1055 und 1323, bringe : ringen 1105, mouthen : douthe 1183, riden : side 1785, f. 370, wesseylen : todeyle 2098, fledden : gredde 2416, slawen : drawe[n] 2476. Dazu käme noch das durch Konjektur hergestellte speken : wreke 543.

2) Im Norden Englands wird das ags. c durch k, im Süden durch ch wiedergegeben. Im Havelok findet sich inlaut. ch sehr selten; es hat sich aber auch in einige Reime verirrt und zwar in Wörtern, die sonst k zeigen. Die Reime büßen dadurch natürlich nicht an Güte ein: like : heueneriche 132, speche : meke 1065, kuneriche : swike 2400. (S. Sweet, pg. 195). Sonst herrscht Übereinstimmung: mikel ; swikel 1107, mikel ; fikel 1209, 2798, -like : swike 422, 625, 1249, 2462..., like : quike 1347, speken : wreken 326, 543, 2365. Man vergleiche noch die Assonanz riche : chinche 1762, 2940.

In Bezug auf speche : meke 1065 ist zu sagen: Sleat hat in seinem Text speke eingesetzt und bemerkt dazu: „Read speke as in 1. 946 (meke : speke)." Obgleich auch ich überzeugt bin, daß die tonlose gutturale Explosiva zu sprechen ist, halte ich es doch nicht für nötig, k zu schreiben. Wenn Sleat aber der Ansicht war, daß ch aus dem Reime schwinden müsse, so hätte er doch auch in den andern Fällen ändern müssen, besonders in v. 2400, dem noch 2804 zur Seite stand.

Noch ein weiterer Fall gehört hierher. In crice : swike 2450 ist crice sicher ein Schreibfehler für criche, denn ein inlaut. c findet sich sonst nicht in unserm Text zwischen zwei Vokalen. Gleichen Ursprungs mit crice scheint krike (: pike) 708 zu sein, doch läßt sich das nicht mit Sicherheit behaupten, f. Stratmann Dict. —

3) Ein beständiges Schwanken sehen wir in der graphischen Darstellung des im Angelsächsischen vor t durch h bezeichneten Lautes. In unserm Werke findet sich z. B. ags. dohtor in der Form douhter 120, 2215, 2712, douhtres 350, 2982, doutres 717, dowter 258,

douther 170, 280, 1079, 2414, 2867, 2914, douthres 2979. In andern Beispielen tritt ein c für das h, bisweilen auch noch vor dem h ein. Manchmal ist die Spirans garnicht wiedergegeben. — Es handelt sich nun um die wichtige Frage: War die Aussprache stets dieselbe und wie war sie? Den ersten Teil derselben können wir wohl bejahend beantworten, denn alle jene Schreibweisen gehen auf dieselbe ursprüngliche zurück, und es würden anderenfalls eine Menge fehlerhafter Reime zu verzeichnen sein. Zur Lösung des zweiten Teiles der Frage schien es mir erforderlich, nachzuweisen, wie oft jede Form sich in unserm Werke vorfindet. Da ich mit Sorgfalt gesucht habe, glaube ich kein Beispiel übersehen zu haben. Der Raum- und Zeitersparnis halber gebe ich jedoch nicht die sämtlichen Versziffern hier an, sondern zeige durch die beigefügte Gesamtzahl in folgender Tabelle nur, wie oft jede Form vorkommt.

ht		th		t		cht		cth		ct	
kniht	4	knith	39	—		—		knicth	5	knict	7
riht	1	rith|e	34	—		—		ricth|e	6	—	
niht	2	nith	13	—		nicht	2	nicth	2	—	
—		mith|e|n	25	—		micht	1	micthe	13	micte	1
—		lith	18	—		—		—		lict	1
brihte	1	brith	13	—		brichter	1	—		—	
—		with	10	—		—		wicth	2	wicteste	1
fiht	2	—		—		—		—		—	
—		plith	2	—		—		—		—	
—		—		thit	1	—		—		—	
douhter	5	douther	7	douter	2	—		—		—	
-res		-res		-res							
mouhte	5	mouthe	32	—		mouchte	1	moucthe	1	moucte	1
brouht	2	brouthe|n	18	brout|e	2	—		—		brouct|e	3
nouht	1	nouth	52	nowt	2	—		—		—	
—		outh	3	—		—		—		—	
—		pouthe	20	poute	1	pouchte	1	—		poucte	6
fouhten	1	—		—		—		—		—	
wrouht	2	wrouth	1	—		—		—		—	
—		bouth|e	4	—		—		—		—	
—		douthe	3	—		—		—		—	
—		southe	1	—		—		—		—	

bitauht|e 4	—	bitaut|e 2	bitauchte 1	—	bitaucte 2	
auht 2	auth|e	2 aute 1	auchte 1	—	auct|e	3
—	lauthe	2 laute 1	—	—	—	
—	fauth 2	—	—	—	—	
ht 32	th 301	t 12	cht 8	cth 29	ct 30	

Die Ergebnisse dieser Tabelle sind recht lehrreich. Zunächst zeigt sich, daß die agſ. gutturale Spiranz h vor t, die aus einem ursprünglichen k (c) entstanden ist, welches im altnorthumbrischen Dialekt noch bewahrt wurde, in unserm Texte entweder auch durch h, oder durch c, oder gar durch ch etwa in einem Viertel der Fälle (99 unter 412) wiedergegeben oder wenigstens angedeutet ist. Die dreifache Zahl derjenigen Fälle, in welchen vor dem t die Spiranz nicht mehr bezeichnet ist lehrt uns, daß die ursprüngliche Aussprache schon eine große Wandelung erfahren, daß sie sich der jetzigen Aussprache schon in etwa genähert hat. Man muß sich aber wohl hüten, daraus zu schließen, daß h, c oder ch nur einen rein graphischen Wert haben. Die Sprache unseres Lais befindet sich in vollem Übergange, und es ist wohl möglich, daß die in Frage stehenden Wörter eine Spur der alten Aussprache noch bewahrt haben, selbst wenn dieselbe nicht mehr in der Schrift angedeutet ist,* denn alle diese Wörter reimen nur unter einander. Daher glauben wir auch, daß Ellis zu weit geht, wenn er II, pg. 478, allerdings mit Vorbehalt, sagt: „It seems then very possible, that these ct, cth, th, t only mean t with a mere orthographical indication of the guttural." Die verhältnismäßig häufige Andeutung des agſ. ht durch die Schrift zeigt uns, daß der Verfasser (vielleicht auch der Abschreiber) unseres Lai einem mehr nördlich gelegenen Orte entstammte, denn im Norden Englands erhielt sich das agſ. ht, im Besonderen in Northumberland das ct, am längsten. Das häufige Erscheinen eines h hinter dem t mag man der Erinnerung an die Spiranz, zum Teil aber auch der großen Neigung verdanken, ein unorgan. h an- oder einzufügen.

Mag man über die Aussprache nun denken, wie man will, es wird nicht zu bezweifeln sein, daß die folgenden Reime richtig sind:

---

* Vgl. Sweet, a. a. O., S. 91.

þouth : nowt 122, nicht : lith 533, nicth : lict 575, douthe : moucte 703, auchte : bitawhte 1225, bitawte : authe 1401, brouth : wrowht 2452, 2810, brihte : rithe 2610, fiht : rith 2716, thit : rith 2990. —

Einige leichtere Versehen des Schreibers in Bezug auf die dem Reimvokal folgenden Konsonanten mögen hier noch eben angeführt werden: ofte : softe 304, doch softe : ofte 991 und sonst auch stets ofte; þer-ine : sinne 1379, ine : sinne 1419, jedoch sonst, in zahl= reichen Fällen, stets inne, z. B. 535, 583, 593, 659, 851...; at- sitte : wite 2200, doch site : wite 2708 und 2808. Einige andere Unebenheiten mögen hier auch gleich angeführt werden: 1) stunde : pund 2614; das e ist überflüssig, f. stund : grund 1858. 2) foos : wros 67; der Reim ist gut, denn foo ist gleich agf. fåh, wro gleich altnb. râ. 3) for - sworen : for - lorn 1423; das e konnte geschrieben oder weggelassen werden, vgl. auch forsworen - forloren 579, aber korn : forlorn 769. S. auch S. 21.

B. Nicht nur die den Reimvokalen folgenden Konsonanten, sondern auch jene selbst zeigen Verschiedenheit in der Darstellung durch den Dichter oder Schreiber. Da wir es mit einem Misch= dialekt und der Sprache einer Übergangszeit zu thun haben, so werden die Vokale selbst auch noch keine feste Klangfarbe gehabt haben, und es konnte der Verfasser gar leicht in Zweifel kommen, welches Zeichen für den einen oder andern Laut zu wählen war. Auch kann über= dies noch der Abschreiber Eigenheiten seines Dialektes in unsern Text hineingebracht haben. Was diesem, was jenem zuzuschreiben ist, wird aber schwer zu bestimmen sein. Indessen sind trotz der durch dialektische Färbung* verursachten schwankenden Darstellung der Reimvokale die Reime selbst als richtig anzusehen.

1) Der u=Laut wurde bald durch ou, bald durch u (oder w) wiedergegeben, wie schon Seite 16 erwähnt ist. Der Norden bevor= zugt u. Folgende Reime sind also richtig: mouth : suth 433, doch mouth : south 1255, bounden : funden 601, doun : tun 1630, toun : brun 1750, hous : crus 1966, wounde : grunde 1978, 2674,

---

* Unsere Bemerkungen über die Dialekte stützen sich auf die Angaben von Morris in den Vorreden zu Genesis and Exodus und Ayenbite of Inwyt.

crouno : dune 2656, you : nu 2994 unb yw : nou 453, aber you : nou 483, 1361 unb yow : now 160.

2) Eine große Willkür herrscht in dem Gebrauch der Diphthonge ai (ay) und ei (ey). Der erstere scheint in unserm Text den Vorzug zu haben. Mätzner, Engl Gramm. 1, 115 sagt: "ai und ay teilen sich öfter mit ei und ey in das Gebiet derselben ursprünglichen Laute." Die folgenden Reime sind also als richtig anzusehen: eyr (eir) : fayr (fair) 111, 228, 605, 1095, 1267, 2154, 2234, 2300, 2538, 2768; h|ayse : preyse 59, lay : weilawei 569, day : a-wey 663, 2678, lay : a-wey 1389, kayn : sweyn 1327 (cf. kayn : swain 31), seyl : nayl 711, seyl : tayl 2506 (cf. sayl : tayl 857), seyd : brayd 1281, thayn : sweyn 2154, pl. 2260 (cf. theynes : sweynes 2194). — Vgl. noch Sweet, a. a. O., pg. 186.

3) Der Diphthong ey (ei) ist bisweilen durch e ersetzt; innerhalb des Verses kommen folgende Fälle vor: greyþed (von greiþen, altnd. greiða) 706, 714, 1762, aber greþed 2003, grethet 2615; laumprei 771, lampreys 1727, doch laumprees 897; ageyn 272, 451, 493..., agen 1792, ayen 489, 1207, 1210...: þei 414, 1020... (14 Mal), aber þe nur 69, 1037, 1070. Umgekehrt finden wir ei für e in dreinchen (ags. drencan) 561 (vgl. drinchen 553), gegenüber drenchen 520, 583... (9 Mal).

Der Reim ist nur drei Mal von diesem Wechsel betroffen worden:
1) deled : wosseyled 1736. Skeat pg. XLVII bemerkt dazu: "So in line 1636; for deled read deyled as in line 2098." Ich halte eine Änderung für unnötig, denn auch etymologisch ist gegen diesen Reim nichts zu erinnern (dǽlan und wæs bǽl) und der öfter vorkommende Wechsel von ey und e zeigt, daß ey die Aussprache von ē schon hatte, oder ihr nahe war.

2) eir : toþer 411. Skeat sagt nur: "Corrupt? Lines 410, 411 do not rime well together." Ellis II, 478 nimmt einige sehr starke Änderungen vor, denen ich nicht zustimmen kann. Ich lese nur Swanborw für das nur hier vorkommende Swanborow. Das -borw in diesem Namen, wie in Rokesborw 139, 265... und Goldeborw 284, 328, 1088... ist einsilbig zu lesen; nirgends nötigt uns der Rhythmus, es zweisilbig auszusprechen. Demnach lese und betone ich die Verse 410 und 411:

Hauelok þat was þe eir,
Swanborw his sister, helfled þe toþer.

Damit hätten wir in sofern einen auffälligen Reim, als eine betonte Silbe mit einer ursprünglich unbetonten reimt, doch kommt das, wie wir gleich unter C sehen werden, häufiger vor.

3) hey : fre. So möchte ich lesen, und nicht: hey : fri wie v. 1071—72 im Ms. steht. Ellis, pg. 472 sagt: Thus hey-fri 1071 might possibly be : hy-fri, see pg. 285, but as the form hy does not occur in Havelok, we should probably read hey-sley, compare 1083." Auf Seite 473 fährt er dann fort: „It is evident, that the two couplets ought to correspond. — Fri yields no good sense." Zunächst ist zu bemerken, daß sich die Schreibung fri in unserm Lai nur hier vorfindet, fre dagegen vielfach, sowohl im Versinnern, als auch im Reim; fre reimt z. B. mit þe 529, mit se 561, mit be 675, 2876 und mit me 2204. Sodann wird das Adjektiv fre nicht allein in eigentlicher Bedeutung, sondern auch in dem Sinne von freimütig, edel ꝛc. gebraucht, kann also ebenso so gut mit strong zusammenstehen, wie z. B. meke = mitis. Man vergleiche:

Hw he was strong and ek meke 1066.
Hw he was strong and ek fre 1072.

Über misdede : leyde 993 ist schon S. 29 gesprochen.

4) Ungemein häufig ist der Wechsel von a, o und e vor Liquiden, vor w und th. Der Norden hat meist a, der Süden o, das Mittelland neben beiden auch e. Ellis II, 476 bemerkt dazu: „The original (aa) was at one time broadened into (oo) and at another time squeezed into (ee) and the habits of the speaker became so uncertain, that all three formes in (aa, oo, ee) were in sufficiently common use to allow a rhymester to employ whichever was most convenient, till at last (oo, ee) interchanged without the intervention of an original (aa)."

Die Reime, welche von diesem Wechsel betroffen werden, führen wir nun an:

halde : bolde 2308, vgl. holden : h|olde 29 und h|olde : bolde 955); longe : gange 795, 1057, 1788, 2586, aber longe : gonge 843, 1185, 1638, 2650, engeland : hand 609 und engelond : hond

202, 250, 294…; þare : more 2486, þere : more 2832, were : sore 414, dagegen sore : wore 236, 503, wore : more 1700, more : þore 921, 981, 1013, 1033, 2334, þore : sore 2138, sare : ware 400, þare : ware 2254, þere : were 741, 1003; lowe : awe 1291, lowe : sawe 1962, aber lawe : sawe 2766, wawe : lowe 2470, sawe : wowe 1962, sha(u)we : knawe 2206, mowe : shewe 1852, shewe : lowe 1698, shewed : knawed 2056; boþe : rathe 2936, aber boþe : rothe 2816, rathe : baþe 1335, 2542, 2594.

Ein Wechsel von a und e findet sich noch in dem Worte adrad, welches v. 278 mit gad reimt. Im Ms. stand nach Skeat zunächst adred, das aber in adrad verändert wurde. Vergleicht man bad : adrad 1047, 1668, 1682, 2304, so erscheint die Korrektur, die jedenfalls vom Schreiber herrührt, als notwendig, doch bed : adred 1257 lehrt, daß adred hätte beibehalten werden können. Man vergleiche noch dred 2168, dredde|n 2289, 2568, drad 1669.

5) Daß der Vokal e mit i in Reime sich findet, kommt nur in zwei vereinzelten Fällen vor:

1) yeue : live. Es ist wohl anzunehmen, daß yeue wie giue gesprochen wurde, denn so oft es im Reim erscheint, reimt es mit liue: 198, 300, 485, 1079, 1109, 1125, 1217, 1437. Man vergleiche gyve : live 356 und 2880.

2) gres (ags. græs): is 2698. Skeat nennt dieses Beispiel a consonant rime. Ich möchte eher annehmen, daß Reim nicht vorhanden ist. Vgl. noch Ten Brink, a. a. O. § 328.

6) Der häufige Wechsel von o und u vor Liquiden, vor v und t, ist von Morris nicht erwähnt worden. Wir finden neben burwes, couel, love, sholdres, spore, shole|n, sholde|n, shoten, auch borwes, cuuel, luve, shuldres, spure, shule|n, shulde|n, scuten ꝛc. Im Reim finden sich nur die Fälle: wolde : fulde 354, comen : numen 2580, aber comen : nomen 2264, cuuel : sowel 2904, doch couel : sowel 767, 1143.

C. Nach Schippers Definition sollen bei Vollreimen die Reimvokale und die darauf folgenden Konsonanten lautlich gleichwertig sein. Daß die Reimsilben immer die Hebung tragen müssen, wird nicht gefordert. Demnach sind nebenbetonte Ableitungs= und Flexions=

silben, wenn sie auch nicht die Hebung tragen, reimfähig. Es sind also als zulässige Reime anzusehen: godard : stiward 666, open : drepen 1782, gunter : reyner 2606, coruning : ioying 2948. Ebenso sind diejenigen Fälle zulässig, bei denen eine hoch= und eine nebenbetonte Silbe im Reim stehen. Ich möchte nicht denjenigen bei= pflichten, welche eine vollständige Accentverlegung annehmen, sondern denen zustimmen, welche den Ton in der Schwebe gehalten wissen wollen. Vgl. Schipper, a. a. O., S. 111; Ten Brink, a. a. O. § 279; Einenkel in Anglia V, S. 39—43.

Beispiele: eir : toper 410, hethede : lede 551, in : kichin 935, forbere : kaysere 352, bere : caysere 1317, swere : fishere 2230, bringe : ioynge 2086, bringe : endinge 3000.

§ 13.

Es bliebe nun noch übrig, diejenigen Reime, welche dem äußern Anschein nach als gute anzusehen sind, in Bezug auf den Ton und die Quantität ihrer Vokale genauer zu untersuchen. Da der Ha= velok in einem Mischdialekt verfaßt ist, da wir ferner nicht immer mit Sicherheit sagen können, was dem Verfasser und was dem Abschreiber zuzurechnen ist, wird es kaum möglich sein, über die Klangfarbe der Vokale etwas Bestimmtes festzustellen. Daher ist auch die Frage: „Welche a, welche e c. dürfen mit einander reimen?" schwerlich mit Zuverlässigkeit zu beantworten. Im allgemeinen ist das Streben zu er= kennen, Vokale gleicher Quantität mit einander reimen zu lassen, doch sind wir nicht berechtigt, in Fällen, wo wir z. B. ags. a mit â im Reime finden, denselben für unrichtig zu erklären. Schon im Angelsächsischen sind vielfach Veränderungen der ursprünglichen Vokalquantitäten durch Dehnung, seltener durch Kürzung, eingetreten,[*] und diese Verschiebung der Quantität hat nicht Halt gemacht, sicherlich auch nicht zur Ent= stehungszeit unseres Lais. Ich sehe daher von einer allgemeinen, gewiß wenig fruchtbaren Untersuchung ab, und beschränke mich auf eine Betrachtung derjenigen Fälle, bei welchen Vokale romanischen Ursprungs im Spiel sind, denn diese bieten einigen Anhalt:

I. **a.** Es reimt agf. langes oder gedehntes a mit afr. a in offener Silbe:

---
[*] Vgl. Sievers, a. a. O., S. 38—40.

blame : shame (sceamu) 83, 1191, saue (salvus) : knaue (cnafa) 2226; vor liquida + Konsonant trat Dehnung ein: fals (falsus) : hals (heals) 2510; kurzes a oder æ in geschlossener Silbe reimt mit kurzem rom. oder lat. a: dam (dominus) : gram 2468, strangled (estrangler) : prangled 638, judas : was 318, 424..., sathanas : was 1099, 2512.... —

II e. Ein französisches e, welches einem lateinischen betonten a in offner Silbe entspricht, reimt mit einem e, welches entstand:
1) aus agf. ĕ, z. B. catel (capitale) : wel 224, 274.
2) aus agf. æ z. B. catel : del 2514.
3) aus agf. langem eo z. B. per (pares) : ner (neor von neah) 989, 2792, roser (rosarium) : ler (hleor) 2918, plente (plentet) : se (seon) 2342.

Ein franz. e in geschlossener Silbe reimt mit eben einem solchen agf. e, z. B. best : rest 945, parlement : sent 1005, 1179, gent : went 2138.

Ein franz. e aus unbetonten lat. a reimt mit einem agf. e aus langem ea z. B. greue (gravare) : leue (leaf) 2952.

III. 1. Die folgenden Reime zeigen, daß i aus agf. offnen i noch den i-Laut hatte, nicht diphthongisch oder getrübt gesprochen wurde: Sire : swire (swîra) 310, : hire (hyr) 910, hire (hiere, hire) 1229; bise : rise 722, justise : rise 2202, : wise 2958. Das i von licgan hat Dehnung erfahren: lye : strie (estrie) 997.

IV. o. Vor m und n wechselt o mit a schon im Angelsächsischen. Selbst ein romanisches a wechselt mit o, s. tonge : gronge 763. — Es reimt ô mit ō: ouvre (ôfer) : doure 320 und dou(e)re : poure (pauper) 128.

V. u. Das u aus agf. û muß noch u gesprochen worden sein, denn es reimt mit normannischen u, s. barun : tun 1001, 2182, baroun : toun 2258, barouns : chaunpioun 1032 und chanbioun : brown (brûn) 1007, prisoun : lazarun 330. Es scheint auch u noch den u-Laut zu haben, denn: nouthe (hnut) : douthe (dubitare) 1331.

VI. ai und ei. Die vorhandenen Reime zeigen zunächst, daß die Diphthonge ai und ei mit einander reimen; ferner, daß die Aussprache derselben die eines breitgesprochenen e war, vgl. S. 39.

hayse (afr. aise) : preyse (precier) 60, eir (heres) : fayr 111, 288, 605…, preye (preyer) : deye 168, faile (afr. faille) : Cornweyle 178, 2908, gleyues (glaive) : greyues (altn. greifi, agſ. gerêfa) 266, 1748, 1770…, laumprei : wei 771.

§ 14.

Zum Schluß dieſer Abhandlung mag noch einer Eigenheit Erwähnung geſchehen, die in unſerem Lai ſehr häufig auftritt. Die Verſe unſeres Lais ſind nicht nur durch den Endreim, ſondern oft auch noch durch ein anderes Band vereinigt. Am Anfang zweier auf einander folgenden Verſe — es brauchen jedoch nicht zwei Verſe zu ſein, die ſchon durch den Endreim verbunden ſind —, findet eine Wiederholung eines oder mehrerer Wörter ſtatt. Dieſer Brauch iſt zu häufig, als daß ihm nicht eine gewiſſe Abſichtlichkeit zugeſchrieben werden müßte. Da diejenigen Fälle, welche die Wiederholung nur eines Wortes aufweiſen, leicht dem Zufall ihr Daſein verdanken können, führen wir nur ſolche an, in benen ſich zwei und mehrere Wörter zu Anfang zweier Verſe wiederholen:

He was — 8, þe beste — 199, Al engelond — 277, He shal — 309, Him for to — 361, And Godard — 452, ferner v. 608, 611, 622, 768, 1012, 1063, 1071, 1369, 1388, 1414 ꝛc.

— Wir haben es hier ohne Zweifel mit einer Art rhetoriſcher Ausſchmückung zu thun, die beim Dichter ſehr beliebt war.

(Die Inhaltsangabe auf folgender Seite.)

(Wenden)

Inhaltsangabe:

		Seite
§ 1.	Allgemeines über das Original und die Abschrift, über den Verfasser und den Abschreiber	3
§ 2.	Textverbesserungen.	6
§ 3.	Orthographische Eigenheiten	14
§ 4.	Der rhythmische Charakter unseres Gedichtes im allgemeinen .	17

I. Abschnitt:
Der einzelne Vers.

§ 5.	Die Geltung des e in Ableitungs= und Flexionssilben . . .	18
§ 6.	Die Hebungen im Verse: Zahl, Stellung, Natur der gehobenen Silben, Spuren der Alliteration	22
§ 7.	Die Senkungen: Zahl, Stellung, Natur der Silben	26

II. Abschnitt:
Die Verbindung der Verse unter einander.

§ 8.	Die Zahl der durch den Reim verbundenen Verse	27
§ 9.	Die Zahl der den Reim bildenden Silben	28
§ 10.	Es liegt kein Reim vor, der Reim ist jedoch leicht herzustellen .	29
§ 11.	Mangelhafte Versausgänge: Reiche Reime, Assonanzen . . .	30
§ 12.	Anscheinend mangelhafte Reime wegen nicht genauer Übereinstimmung: A. der dem Reimvokal folgenden Buchstaben, B. der Reimvokale, C. der Accentuierung	35
§ 13.	Die guten Reime in Bezug auf die Natur der reimenden Vokale	43
§ 14.	Die Verbindung der Verse durch ein rhetorisches Band . . .	45